RANDBREITEN

Alex von Kuczkowski

NFL© BOULEVARD

... Kurzgeschichten aus der reichsten Liga der Welt

*RANDBREITEN*verlag
Verlag für Sport_Literatur

Alex von Kuczkowski

Korrektorat: lektoratwalter, Springe

Covergestaltung: VisiCont GmbH, Berlin

Satz: VisiCont GmbH, Berlin

Herstellung: BoD – Books on Demand, Norderstedt

ISBN Taschenbuch: 978-3-947166-00-8

ISBN eBook: 978-3-947166-50-3

Inhaltsverzeichnis

Einleitung

Die National Football League (NFL) ist die größte Sportliga der Welt. Gemessen am Umsatz. Gemessen an den Fans auf der ganzen Welt. Gemessen am Glamour-Faktor. Gemessen am Spektakel. Gemessen am Zuschauerschnitt pro Spiel (69.487 in 2016). Den Super Bowl, das alljährliche Finale der NFL am ersten Sonntag im Februar, sehen eine Milliarde Menschen gleichzeitig im TV. Dort treten die größten Stars der Musikszene während der Halbzeit auf. Dort kostet ein 30-sekündiger Werbespot während der Live-Übertragung bis zu fünf Millionen Dollar. Dort geht's um Show und Perfektion. Mit dem Sport im Mittelpunkt.

Ich habe viele Jahre als Boulevard-Reporter gearbeitet. Erst vier Jahre für die *B.Z.* in Berlin, dann bis 2014 knapp zehn Jahre für die *BILD* und *BILD am Sonntag* in Hamburg. Es klingt platt, aber ich habe in dieser Zeit mein Hobby zum Beruf gemacht. Ich wurde dafür bezahlt, Sport zu schauen und darüber zu schreiben. Ich war ganz nah dran. Am Spielfeld. An den Profis. An den Vorstandszimmern. Am Adrenalin. Das prägt. Ein falsches Wort – und die Emotionen können überkochen.

Im Jahr 2001 bin ich erstmals mit der NFL in Berührung gekommen. Damals gab es noch die NFL Europe, die „kleine (Stief-)Tochter" der großen Mutter in den USA.

Die damals sechs Teams – Berlin, Düsseldorf, Frankfurt, Barcelona, Amsterdam und Glasgow – spielten um den „World Bowl". Die Mannschaften bestanden hauptsächlich aus US-Talenten, die wenige Monate zuvor keine Rolle in der NFL spielten. Also um Profis, die zwar bei einem NFL-Team unter Vertrag waren, die aber dringend Spielpraxis und Erfahrung brauchten, um es eventuell in einen endgültigen NFL-Kader zu schaffen. Gelungen ist das übrigens über viele Jahre am Ende nur ganz, ganz wenigen...

Ich durfte für die *B.Z.* ins Trainingscamp der NFL Europe reisen. Obwohl es sportlich sicher nicht das höchste Niveau war, das ich damals in Tampa/Florida sah, war ich sofort infiziert. Von der Sportart, die etwas so Mächtiges und Strategisches, gleichzeitig aber auch Brutales hat. Diesem Rasen-Schach, bei dem begnadete Athleten eine unfassbare Körperbeherrschung, eine unglaubliche Präzision und eine wahnsinnige Geschwindigkeit und Aggressivität an den Tag legen. Ich war fasziniert von den vielen, unterschiedlichen Typen, denen ich begegnete. Schließlich waren zu diesem Zeitpunkt jeweils noch über 70 Spieler pro Team im Kader. Einige sahen so gefährlich aus, dass ich mich fast nicht traute, sie überhaupt anzusprechen, um nach einem Interview zu fragen. Andere hingegen waren so nett, dass ich das Gefühl hatte, plötzlich fünf neue beste Freunde zu haben. Ami-like halt.

Was mich ebenfalls beeindruckte, war die Professionalität, die in diesen NFL Europe-Camps herrschte. Alles war straff durchorganisiert. Nichts wurde dem Zufall überlassen. Von frühmorgens bis spätabends gab's für die Jungs Programm. Disziplin war für mich plötzlich nicht mehr nur ein Wort, sondern eine knallharte Regel. Wer es dauerhaft in die NFL schaffen will, muss sich jahrelang körperlich schinden und oft über seine Leistungsgrenze hinausgehen. In den tausenden von Stunden im Jahr im Kraftraum, auf dem Trainingsplatz und erst recht in den Spielen. Über Schmerzen wird in der NFL nur hinter verschlossenen Türen gesprochen. Schwäche zeigt hier niemand!

Die National Football League ist sehr um ein gutes Image bemüht. Sie will nach außen unbedingt wie eine „saubere" Liga voller Gentlemen wirken. Doch das gelingt (glücklicherweise) regelmäßig nicht. Vieles ist nur Fassade. Natürlich passieren in der NFL auch die wildesten Geschichten. Es gibt Eskapaden, Skandale, Rekorde, Prozesse, sogar Tote. Einfach so viele atemberaubende Geschichten abseits der NFL-Spielfelder. Darüber könnte man ein Buch schreiben...

Als Boulevard-Reporter habe ich vor allem die Geschichten geliebt, die sich außerhalb des Rasens bzw. der Arenen abgespielt haben. Die, die nicht unmittelbar etwas mit den Geschehnissen auf den Plätzen dieser Welt zu tun haben. Die aber trotzdem zur Faszination einer Sportart bzw. –liga beitragen. Die ihren Ruf entweder aufpolieren oder ruinieren. Die sich als stundenlanges Gesprächsthema eignen. Die sich um

Klatsch drehen, um Begeisterung, um Gerüchte oder um Abgründe.

In diesem Buch geht es nicht um Spielzüge und Taktik. Dafür gibt es viele Menschen, die mehr Ahnung vom Sport American Football haben als ich. In diesem Buch geht es vielmehr um einen Blick hinter die Kulissen. Die NFL ist wie eine TV-Serie. Jeden Tag passiert was Neues, was Anderes, oft auch was Einzigartiges. Was Unfassbares. Was Unvorhergesehenes. Wenn man in die Welt der NFL eintaucht, gehört Popcorn dazu.

Ich bin kein Fan nur EINER Mannschaft. Ich bin großer Fan dieser GESAMTEN Liga. Ich kann mich einfach nicht sattsehen an den spektakulären Spielzügen. An den vielen unterschiedlichen verrückten Typen, die in der reichsten Liga der Welt ein Vermögen verdienen (und oft nicht damit umgehen können). An dem ganzen Tohuwabohu, das in den USA rund um die Spiele veranstaltet wird. Und an diesen gigantischen Betonschüsseln, in denen American Football gespielt wird.

Ich bin Ground Hopper. Ich „sammele" also Besuche in unterschiedlichen Stadien. Das ist eine Leidenschaft, eine Sucht. Je größer und voller die Arenen sind, umso gewaltiger sind meine Eindrücke. Ich habe viele Football-Spiele live gesehen. Auch drüben in den USA. In der NFL und am College. Ich war auch beim Super Bowl XXXVII im Januar 2003 in San Diego zwischen den Tampa Bay Buccaneers und den Oakland Raiders. Für mich sind diese riesigen Stadien mit bis zu 110.000 Zuschauerplätzen wunderschön, ein ganz besonderer Ort.

Mich faszinieren aber auch die Geschichten von Menschen. Von denen, die Tag und Nacht im Rampenlicht stehen. Von denen, die diesen „Zirkus“ NFL finanzieren. Von denen, die sich dumm und dusselig an ihr verdienen. Von denen, die nicht perfekt sind. Als Journalist braucht man vor allem eines: Neugier! Die werde ich mein Leben lang nicht verlieren. Und die wird als täglicher Beobachter der NFL immer und immer wieder aufs Neue befriedigt.

Während ich viele Jahre nur „privat“ über die NFL geredet, diskutiert und fantasiert habe, mache ich das seit September 2016 nun auch „öffentlich“. Gemeinsam mit sechs Kumpels (**beste Grüße an Flo, Stolle, Remo, Detti, Kris und Axel**) haben wir die „Footballerei“ eröffnet. Eine Online-Plattform, die sich auf diversen Kanälen 365 Tage im Jahr mit der NFL befasst und mindestens einmal die Woche einen interaktiven Live-Video-Podcast auf Facebook und YouTube produziert. Wir haben einen Nerv getroffen.

Dass American Football und die NFL im Speziellen nach einer jahrelangen „Durststrecke“ nun wieder einen regelrechten Boom erlebt, ist großartig. Denn sie ist – nicht nur in meinen Augen – die schönste „Nebensache“ der Welt.

In diesem Buch erzähle ich davon, wer in unserer Lieblingsliga das Sagen hat, schon in den Schlagzeilen stand und was schon alles Spektakuläres passiert ist. Es handelt von Milliardären, Mythen, Meilensteinen, Machos und Mördern.

Und ich freue mich sehr, dass mich zwei NFL-Insider unterstützt haben. Björn Werner, der einzige Deutsche, der je in der 1. Runde des NFL-Drafts ausgewählt wurde. Und Carsten Spengemann, jahrzehntelanger NFL-Fan, selbst American Football-Trainer und als Moderator und Schauspieler entertainmenterprobt. Denn letztlich ist die NFL nur eine „Soap Opera"...

Orenthal James „O.J." Simpson
1976 im Jersey der Buffalo Bills

#1 Die größten Kriminalfälle

Dass NFL-Stars herausragende Athleten sind, ist unbestritten. Dass sich in der Liga, die nur allzu gern skandalfrei wäre, aber auch ein paar „Schwarze Schafe" bzw. „besonders schwere Jungs" tummeln, ist hingegen ebenfalls Fakt. In den Jahren 2010 bis 2016 wurde durchschnittlich jede Woche (!) ein NFL-Profi verhaftet.

Da gibt es Spieler, die der Einnahme verbotener Substanzen überführt und lange von der Liga gesperrt wurden (u.a. Josh Gordon, Martavis Bryant, Orlando Scandrick). Spieler, die ihre Lebensgefährtinnen misshandelten (u.a. Ray Rice, Jonathan Dwyer, Greg Hardy) bzw. ihre Kinder quälten (Adrian Peterson) und teilweise aus der NFL verbannt wurden. Und Spieler, die gemordet haben und ermordet wurden.

Ich liebe Kriminalfälle. Deshalb dokumentiere ich hier dreizehn atemberaubende Geschichten aus dem echten Leben rund um unsere Lieblingsliga. Es geht um Rache, Hass, Attentate, Auftragskiller, Vergewaltigungen, Raub, Hundekämpfe, Eifersucht und Exekutionen. Der Fundus von NFL-Stars, die in ein Verbrechen verwickelt waren, ist schier unendlich. Ich kann euch versprechen: In diesen Krimis tun sich wahre Abgründe auf.

Aaron Hernandez († 27)

Ein ganz harter Junge. Der Tight End wurde 2010 an insgesamt 113. Stelle im NFL-Draft von den New England Patriots ausgewählt. Hernandez harmonierte auf Anhieb mit Star-Quarterback Tom Brady und bildete gemeinsam mit Rob Gronkowski das beste Tight End-Duo der Liga. Seine Erfolge: insgesamt 18 Touchdowns, Pro Bowl 2011, Super Bowl-Teilnahme 2012 (17:21 gegen die New York Giants).

So weit, so gut. Aber...

... in Hernandez brodelte auch eine kaltblütige Seele. Ein Dreivierteljahr nachdem er einen neuen 5-Jahres-Vertrag bei den Patriots unterzeichnete (hätte ihm bis zu 40 Millionen Dollar beschert), wurde am 18. Juni 2013 der damals 27-jährige Landschaftsgärtner Odin Lloyd in der Nähe von Hernandez' Villa mit sechs Schüssen hingerichtet. Exekutiert! Lloyd war der Freund der Schwester von Hernandez' Verlobter Shayanna. Acht Tage später wurde Hernandez verhaftet. Die Beweislast gegen ihn war erdrückend (u.a. Bilder aus einer Überwachungskamera und ein von Hernandez angemietetes Auto in Tatortnähe.

Im April 2015 wurde er in Boston zu lebenslanger Haft ohne Aussicht auf vorzeitige Entlassung verurteilt und ins Staatsgefängnis Cedar Junction gebracht. Das steht übrigens nur vier Meilen vom Gillette-Stadion der Patriots entfernt...

Und ein weiterer Prozess gegen ihn stand noch aus. Bereits 2012 soll Hernandez einen Doppelmord verübt haben. Wegen eines Streits um ein verschüttetes Getränk (!) in einer Bar in Boston soll er an einer roten Ampel zwei Männer in deren Auto erschossen haben. Gerüchten zufolge soll Lloyd damals Zeuge der Tat gewesen sein. War das wenig später auch dessen Todesurteil?

Das ließ sich nicht beweisen. Hernandez wurde im Frühjahr 2017 vom Vorwurf des Doppelmordes frei gesprochen. Wenige Tage später erhängte er sich in seiner Gefängniszelle. Kurz darauf zitierte US-TV-Sender „CNN" aus der Disziplinakte des einstigen NFL-Stars. Hernandez soll im Knast u.a. an diversen Faustkämpfen beteiligt gewesen sein und eine 15cm lange Metallklinge besessen haben. Schon bevor er verknackt wurde, soll er zur berüchtigten Straßengang „Bloods" gehört haben.

O.J. Simpson (Jahrgang 1947)

Der wohl berühmteste Kriminalfall der NFL. Für die Jüngeren unter euch: Simpson war der „first overall pick“ der Buffalo Bills im Jahr 1969. Er war einer der besten Running Backs seiner Zeit und wurde mit Auszeichnungen überschüttet. Danach war er Werbegesicht (u.a. von Autovermieter „Hertz“) und beliebter Hollywood-Schauspieler (u.a. „Die nackte Kanone“). O.J. liebte das Rampenlicht. Sein Privatleben hatte er da allerdings schon lange nicht mehr im Griff...

Im Oktober 1992 ließ sich Simpson von seiner zweiten Frau Nicole Brown Simpson scheiden. Ihr öffentlicher Vorwurf: O.J. sei krankhaft eifersüchtig und ihr gegenüber gewalttätig. In der Nacht vom 12. auf den 13. Juni 1994 wurden Nicole Brown und ihr Bekannter Ronald Goldman vor ihrem Haus erstochen. Bestialisch! Brown wurde bei dem Messerangriff fast enthauptet.

Sehr schnell tatverdächtig: O.J. Simpson. Und der hatte kein Alibi... Nach tagelangen Befragungen der Polizei wurde gegen O.J. am 17. Juni 1994 schließlich ein Haftbefehl wegen doppelten Mordes beantragt (einer seiner Anwälte war damals übrigens der Vater von Kim Kardashian!). Statt sich festnehmen zu lassen, flüchtete Simpson aber in einem weißen Ford Bronco vor der Polizei und lieferte sich quer durch Beverly Hills eine filmreife Verfolgungsjagd – live übertragen im US-TV aus einem Hubschrauber...! Dann ließ er sich doch abführen, betonte aber, er sei unschuldig.

Im Prozess – ebenfalls live im US-Fernsehen übertragen – wurde Simpson am 3. Oktober 1995 trotz stark belastender Indizien tatsächlich freigesprochen. In einem nachfolgenden Zivilprozess wurde er im Februar 1995 „nur“ zu einer Schadensersatzzahlung an die Hinterbliebenen in Höhe von 33,5 Millionen Dollar verurteilt.

Aktuell sitzt Simpson aber doch im Knast. Weil er am 13. September 2007 in Las Vegas zwei Sammler von Fanartikeln mit einer Waffe bedrohte, wurde er am 5. Dezember 2008 wegen bewaffneten Raubüberfalls und Geiselnahme zu mindestens 9 und maximal 33 Jahren Haft verknackt. 2017 hatte er erstmals die Chance auf Entlassung. Im Juli sprach ihn ein Gericht tatsächlich frei. Im Oktober darf er raus. O.J. will zu seinen Kindern nach Florida ziehen.

Lawrence Phillips († 30)

Der Running Back galt kurz vor der Jahrtausendwende als eines der größten Talente der NFL. Er wurde im Draft 1996 in der 1. Runde an 6. Stelle von den St. Louis Rams gezogen. Der Durchbruch gelang ihm aufgrund mangelnder Disziplin und seines schwierigen Charakters aber nie. Gemessen an den Erwartungen seine für mich bescheidene Bilanz bis 1999: gerade mal 27 NFL-Spiele mit 13 Touchdowns für die Rams, die Miami Dolphins und die San Francisco 49ers.

Stammgast war Phillips hingegen bei der Polizei. Er kam regelmäßig mit dem Gesetz in Konflikt und saß immer mal wieder tagelang im Knast. Sein festes Zuhause wurde das Gefängnis dann ab 2008. Wegen zahlreicher Delikte (u.a. Körperverletzung, häusliche Gewalt, Freiheitsberaubung, Autodiebstahl, bewaffneter Überfall) wurde er summiert zu insgesamt 32 Jahren im Staatsgefängnis Kern Valley in Kalifornien verknackt.

Der erste Schritt zur Besserung? Von wegen! Dort würgte er am 12. April 2015 seinen Zellengenossen Damion Soward († 27/ verurteilt wegen Mordes) zu Tode. Am 1. September 2015 wurde beschlossen, dass Phillips erneut der Prozess gemacht wird. Wenig später stellte ein Staatsanwalt den Antrag, in der Urteilsfindung auch über die Todesstrafe nachzudenken. Seinem Urteil kam Phillips zuvor: Im Januar 2016 erhängte er sich in seiner Zelle.

Ray Lewis (Jahrgang 1975)

Der Linebacker gehört zu den besten Abwehrspielern aller Zeiten in der NFL. Lewis verbrachte seine gesamte Karriere bei den Baltimore Ravens (1996–2012), gewann u.a. zweimal den Super Bowl und wurde 13x für den Pro Bowl nominiert. Auch außerhalb des Platzes ist er hoch angesehen, weil er u.a. viel gemeinnützige Arbeit leistet und eine eigene Stiftung für benachteiligte Menschen gegründet hat.

Aber: Seine Vita hat auch eine dicke Delle! Nach einer Super Bowl-Party am 31. Januar 2000 hatte Lewis gemeinsam mit ein paar Kumpels Streit mit einer anderen Gruppe Männer. Am Ende waren zwei Männer tot! Erstochen! Lewis wurde festgenommen. Allerdings nicht in seinem weißen Anzug, den er kurz zuvor noch auf der Party trug. Der ist bis heute verschwunden... Auf dem Messer, das in der Nähe des Tatorts gefunden wurde, waren weder Fingerabdrücke noch DNA-Spuren.

Lewis wurde elf Tage später u.a. wegen Mordes angeklagt. Letztlich aber nur zu einer einjährigen Bewährungsstrafe wegen Falschaussage und Behinderung der Polizeiarbeit verurteilt. Zusätzlich musste er ein Drittel der Gerichtskosten und 250.000 Dollar an die NFL zahlen. Mit den Angehörigen der Opfer einigte er sich 2004 zur Zahlung einer sechsstelligen Summe. Was genau in dieser verhängnisvollen Nacht geschah und welche Rolle Lewis dabei spielte – es ist bis heute ungeklärt...

Jovan Belcher (✝ 25)

Ebenfalls Linebacker. Unterschrieb 2009 als ungedrafteter Free Agent bei den Kansas City Chiefs – und wurde schnell Stammspieler (193 Karriere-Tackles, ein Sack). Im März 2012 verlängerte er seinen Vertrag bei den Chiefs um ein weiteres Jahr für ein Gehalt von 2 Millionen Dollar.

Sportlich lief es rund für Belcher. Privat hatte er allerdings große Probleme. Immer wieder gab es Streit mit seiner langjährigen Freundin Kasandra Perkins (✝ 22). Am 30. November 2012 kam's dann zur Eskalation: Als er nach einer durchzechten Nacht mit einer anderen Frau erst um 7 Uhr morgens nach Hause kam, machte Kasandra (die Mutter seiner kleinen Tochter Zoe) ihrem Jovan offenbar eine Szene. Woraufhin er sie – erschoss! Insgesamt drückte er 9x ab.

Nach dem Mord raste Belcher zum Trainingsgelände der Chiefs und hielt sich auf dem Parkplatz eine Waffe an den Kopf. General Manager Scott Pioli und Headcoach Romeo Crennel, die zufällig zur selben Zeit ankamen, versuchten noch, ihn vom Selbstmord abzuhalten – vergebens! Als die Polizei wenig später eintraf, richtete sich Belcher hinter einem Auto selbst.

Sean Taylor († 24)

Als Safety galt er als einer der Besten seiner Zunft. Im NFL-Draft 2004 wurde er in der 1. Runde an 5. Stelle von den Washington Redskins ausgewählt – und war fortan nicht mehr aus der Mannschaft wegzudenken. Seine Redskins-Teamkollegen verliehen der Tackle-Maschine ehrfürchtig den Spitznamen „Meast“ (zusammengeführt aus „half man, half beast“). Vorm Start der Saison 2007 ernannte ihn die „Sports Illustrated“ zum „hardest hitting player in the NFL“.

Während dieser Spielzeit verletzte sich Taylor und absolvierte die Reha in seinem Wohnort Palmetto Bay/Florida. In der Nacht des 26. November 2007 verschafften sich Einbrecher Zutritt zu seiner dortigen Villa. Taylor ertappte die Eindringlinge, die daraufhin das Feuer auf ihn eröffneten und ihm ins Bein schossen. Seine langjährige Freundin Jackie Garcia (eine Nichte von Hollywood-Schauspieler Andy Garcia) und ihre gemeinsame Tochter versteckten sich unterm Bett und wählten den Notruf.

Taylor wurde umgehend ins Krankenhaus geflogen, hatte aber schon so viel Blut verloren, dass er am 27. November 2007 verstarb. Die fünf Einbrecher (der Älteste war zur Tatzeit 20 Jahre) wurden zu lebenslangen Haftstrafen verurteilt.

Steve McNair († 36)

Viel zu jung sterben musste auch Steve McNair. Der langjährige Quarterback der Tennessee Titans (1995–2005), mit denen er im Jahr 2000 den Super Bowl erreichte, wurde nur 36. Zwei Jahre, nachdem er seine NFL-Karriere beendete, wurde er kaltblütig erschossen. Im Schlaf. Auf der Couch. Von seiner Geliebten. Die war damals erst 20 Jahre alt, also fast noch ein Kind.

„Air McNair" zählte zu den besten Quarterbacks seiner Ära und hatte afroamerikanische Wurzeln. Das war eine Besonderheit. Die Spielmacher-Position wurde damals noch viel stärker von Weißen dominiert als heute. Die Titans (hießen damals noch Houston Oilers) wählten ihn 1995 an insgesamt 3. Stelle im Draft aus – und gaben ihm einen Siebenjahresvertrag über 28,4 Millionen Dollar. Nie zuvor bekam ein Ligaaneuling mehr Geld. 2003 wurde er in den Pro Bowl gewählt. Seine letzten beiden Profijahre verbrachte er bei den Baltimore Ravens.

Während er auf dem Spielfeld nur sehr selten die Kontrolle verlor, ging's in seinem Privatleben turbulenter zu. Zwar heiratete McNair 1997 seine Frau Mechelle, mit der er auch zwei Söhne bekam. Zwei weitere Söhne entstammen aber Seitensprüngen. Die Liebschaft mit einer Affäre kostete ihm schließlich das Leben. Ihr Name: Sahel Kazemi, Spitzname Jenni.

Am 4. Juli 2009 wurde McNair erschossen auf dem Sofa in seiner Appartement in Nashville gefunden.

Vier Kugeln trafen ihn aus nächster Nähe. Ein Schuss in den Kopf war tödlich. Daneben lag Kazemi, ebenfalls tot. Ermittlungen ergaben, dass sie erst ihn und dann sich selbst richtete. Erweiterter Selbstmord heißt so was im Fachjargon.

Ermittlungen der Polizei ergaben, dass Kazemi wohl rasend vor Eifersucht war. Sie soll befürchtet haben, dass McNair, mit dem sie erst seit wenigen Monaten ausging, nicht nur sie, sondern weitere Frauen datete. Aus SMS, die sich die beiden vor der Mordnacht schickten ging hervor, dass Steve seiner Sahel kurz zuvor noch 2.000 Dollar überwies, damit sie ihre Handyrechnung zahlen konnte.

McNairs Witwe Mechelle erwirkte vor Gericht, dass jeder seiner vier Söhne 500.000 Dollar aus seinem Vermögen zugesprochen bekommt.

Rae Carruth (Jahrgang 1974)

Der frühere Wide Receiver der Carolina Panthers gab ein Kapitalverbrechen in Auftrag. Weil seine Geliebte ein Kind von ihm erwartete, ließ er sie töten. Carruth, 1997 in der 1. Runde an 27. Stelle von den Panthers gedraftet und danach mit einem Vierjahresvertrag für 3,7 Millionen Dollar ausgestattet, engagierte einen Killer.

Der 16. November 1999: Cherica Adams, die hochschwangere Freundin von Carruth, sitzt nach einem Kinobesuch in ihrem schwarzen BMW. Dann knallen plötzlich Schüsse durch die Luft. Adams wird von vier Kugeln in Hals, Brust und Bauch getroffen, sackt zusammen. Während das Baby, ein Junge, per Not-Kaiserschnitt (zehn Wochen vorm errechneten Geburtstermin) gerettet werden kann, stirbt seine Mutter vier Wochen später an ihren schweren Verletzungen.

Der Schuldige dieser Gräueltat ist schnell gefunden. Carruth soll einen Auftragskiller angeheuert haben, der Adams „entsorgte". Verhaftet wird Rae auf dem Parkplatz eines Motels im Kofferraum eines Toyotas, in dem er sich versteckt hatte. Die Staatsanwaltschaft in Charlotte verknackte den hochtalentierten Passempfänger zu 18 Jahren Haft. Heißt: 2017 könnte Carruth wieder frei kommen ...

<u>Michael Vick</u> <u>(Jahrgang 1980)</u>

Der „first overall pick" im NFL-Draft 2001 (ausgewählt von den Atlanta Falcons) wird am 10. Dezember 2007 zu 23 Monaten Knast verurteilt, von denen er 18 Monate im Staatsgefängnis von Leavenworth/Kansas abbrummt und den Rest im offenen Vollzug mit elektronischen Fußfesseln verbringen darf.

Bei einer Durchsuchung seines Landhauses in Surral County/Virginia am 25. April 2007 wurden über 50 Hunde beschlagnahmt, die für Hundekämpfe abgerichtet wurden. Drei Monate später wurden „Superman" (sein NFL-Spitzname) und drei seiner Komplizen angeklagt. Das Quartett soll die Hunde illegal über Grenzen geschmuggelt und viel Geld auf den Ausgang der Kämpfe gesetzt haben. Zusätzlich sollen sie die „Verlierer" getötet haben, u. a. mit Elektroschockgeräten.

Seine Verurteilung bedeutete jedoch nicht das Ende seiner NFL-Karriere. Vick verteilte ab der Saison 2009 erst für die Philadelphia Eagles, dann für die New York Jets und abschließend in den Spielzeiten 2015 und 2016 als Ersatzmann von Ben Roethlisberger bei den Pittsburgh Steelers die Bälle. Mittlerweile hat er seine Karriere beendet.

Selbst US-Präsident Barack Obama meldete sich in der „Causa Vick" zu Wort: „In Amerika hat jeder eine zweite Chance verdient."

Darren Sharper (Jahrgang 1975)

Insgesamt 14 Jahre NFL. 943 Tackles. 63 Interceptions, von denen er 11 in die gegnerische Endzone trug. Super Bowl-Triumph mit den New Orleans Saints (2010). Fünfmal Pro Bowl. Der Safety blickt auf eine überdurchschnittlich erfolgreiche Karriere zurück.

In Erinnerung wird er aber wohl vor allem als Frauenschänder bleiben ... Im Februar 2014 musste sich Sharper vor Gericht verantworten. Der widerliche Vorwurf: Betäubung und anschließende Vergewaltigung von zwei Frauen in Los Angeles im Oktober 2013 und Januar 2014. Und das waren keine Einzelfälle. Der knallharte Ex-Verteidiger wurde in drei weiteren US-Staaten (Louisiana, Nevada, Arizona) angeklagt, weil er mehrfach Frauen unter Drogen gesetzt und dann vergewaltigt hatte. Insgesamt ist von 16 (!) dieser Vorfälle die Rede.

Sharper gestand. Das erste Urteil: neun Jahre Knast. Nach einer Revision in 2016 wurde das Strafmaß noch mal verdoppelt. Heißt: Sharper muss 18 Jahre hinter schwedischen Gardinen verbringen. „Ich möchte mich bei den Opfern tausendmal entschuldigen“, sagte er vor der Urteilsverkündung. „Ich habe abscheuliche Entscheidungen getroffen. Ich versuche noch immer herauszufinden, warum ich das tat.“ Späte Einsicht ...

Darrent Williams († 24)

Der Cornerback wurde 2005 in der 2. Runde an 56. Stelle von Denver gedraftet. In den darauffolgenden zwei Spielzeiten gelangen ihm für die Broncos insgesamt u. a. 139 Tackles und 6 Interceptions (zwei davon verwandelte er in Touchdowns). Am 31. Dezember 2006 machte er sein letztes Spiel (23:26 gegen die San Francisco 49ers). Wenige Stunden später war er tot ...

In dieser Silvesternacht war Williams Gast auf der Geburtstagsparty von NBA-Basketballer Kenyon Martin (Denver Nuggets) in der Diskothek „Safari“. Auf der Rückfahrt, am frühen Morgen des 1. Januar 2007, feuerten Unbekannte plötzlich aus einem vorbeifahrenden Wagen auf sein Mietauto (ein „Hummer“). Williams wurde tödlich im Nacken getroffen, Teamkollege Javon Walker blieb unverletzt. Zwei weitere Personen, die ebenfalls im Auto saßen, konnten das Krankenhaus wieder verlassen.

Am 11. März 2010 wurde Willie Clark, ein Mitglied der Straßengang „Crips“, wegen des Mordes an Williams zu lebenslanger Haft verurteilt. Recherchen der Polizei ergaben, dass es in Williams' Todesnacht zuvor einen Streit auf der Geburtstagsparty zwischen „Crips“-Mitgliedern und anderen Gästen gab. Williams soll an dem Streit nicht beteiligt gewesen sein. Im Gegensatz zu Denvers damaligen Wide Receiver Brandon Marshall (aktuell New York Giants), der laut „ESPN“ einer der Anstifter des Konflikts war ...

Anthony Smith (Jahrgang 1967)

Einst ein gefürchteter Defensive End der Los Angeles/Oakland Raiders (1991–1997). Jetzt bis zum Ende seines Lebens im Gefängnis. Er wurde am 22. Januar 2016 in Los Angeles wegen dreifachen Mordes zu dreimal lebenslanger Haft ohne Aussicht auf vorzeitige Entlassung verurteilt.

Smith, 1990 als 11. im NFL-Draft gezogen, wurde schuldig gesprochen, im November 1999 als Polizist verkleidet zwei Brüder entführt, mit heißem Eisen gequält und erschossen sowie im Juni 2001 eine weitere Person erstochen zu haben. Mögliches Motiv: Rache! Die drei Männer sollen Smith zuvor misshandelt haben.

Unfassbar: Smith hat offenbar sogar noch viel mehr auf dem Kerbholz. In zwei Fällen konnte er den Kopf aber noch mal aus der Schlinge ziehen. Die Tötung eines Kumpels 2008 konnte ihm nicht zweifelsfrei nachgewiesen werden. In diesem Gerichtsprozess (Anklage Mord) wurde Smith 2011 freigesprochen.

Auffällig wurde der frühere Quarterback-Jäger (51,5 Karriere-Sacks) auch schon 2003. Damals wurde er beschuldigt, Brandbomben auf ein Möbelhaus geworfen zu haben. Da sich die Jury aber nicht auf ein Urteil einigen konnte, wurde die Anklage fallen gelassen.

Antonio Armstrong († 42)

Was für ein unfassbares Familiendrama. Der frühere NFL-Linebacker (1995 vier Spiele für die Miami Dolphins) und seine Frau Dawn († 42) wurden in den frühen Morgenstunden des 29. Juli 2016 im Schlafzimmer ihres Hauses in Bellaire/Texas kaltblütig erschossen. Dringend tatverdächtig: Ihr damals 16-jähriger Sohn AJ ...!

Dessen Motiv ist noch immer völlig unklar. Er war es, der in der Nacht per Notruf die Polizei rief. Im Verhör verstrickte er sich dann in Widersprüche und sitzt seitdem wegen Mordverdacht in U-Haft. Mysteriös: Neben der Tatwaffe lag ein handgeschriebener Zettel mit der Aufschrift „Ich habe euch beobachtet". Schlimm: Als die Armstrongs erschossen wurden, befanden sich auch ihre weiteren zwei Kinder (Josh/damals 20, Kayra/damals 12) im Haus. Anzeichen für dieses Drama gab's nicht. Die Armstrongs galten als Vorzeigefamilie.

#2 Die reichsten Teambesitzer

Was machen, wenn man(n) so viel Geld hat, dass man nicht schafft, es auszugeben? Wenn man bereits einen Privatjet, diverse Luxusimmobilien und eine Südseeinsel besitzt? Richtig, der Mann von Welt kauft sich einen Sportklub. Was in Deutschland (noch) verpönt ist, ist in den USA seit Jahrzehnten völlig normal. Fast alle Profiteams – ob NFL, NBA, NHL oder die Major League Soccer – sind in privater Hand.

Einige Teams werden innerhalb einer Familie über Generationen vererbt. Andere wurden über die Jahre an Investoren verkauft. An sehr vermögende Geschäftsleute. In der NFL gehören 31 von 32 Franchises entweder Einzelpersonen, Beteiligungsgesellschaften oder anderen Rechtsträgern. Lediglich die Green Bay Packers sind im Besitz der Öffentlichkeit und werden von über 360.000 Aktionären gehalten. Niemand darf mehr als 4 % der Aktien sein Eigen nennen.

Reich wird man mit ihnen ohnehin nicht. Die Packers zahlen keine Dividende aus. Der Verkauf der Aktien ist verboten (außer zurück ans Team). Exklusiver Zutritt zu Dauerkarten wird auch nicht gewährt.

Besitzer von Packers-Aktien werden nur auf die jährliche Mitgliederversammlung eingeladen, haben ein Wahlrecht und Anspruch auf besonderes Merchandising.

Bei zwei NFL-Teams hat übrigens alleine eine Frau das letzte Wort: Bei den Chicago Bears und den Detroit Lions. Die Bears hat 1983 – nach dem Tod ihres Vaters – Virginia Halas McCaskey (Jahrgang 1923) geerbt. Bei den Lions sitzt Martha Ford (Jahrgang 1925) auf dem Thron. Die Enkelin von Harvey Firestone (Gründer des Reifenherstellers „Firestone“) war seit 1947 mit William Clay Ford Senior (Enkel von Automobil-Ikone Henry Ford) verheiratet, der 1964 alleiniger Besitzer der Lions wurde. Nach dessen Tod 2014 hat nun Ford die Zügel in der Hand.

In der folgenden Liste tauchen aber nur Männer auf. Männer, für die der Kauf einer NFL-Mannschaft ein äußerst lukratives Geschäft war. Das sind die reichsten Teambesitzer.

Jerry Jones (Jahrgang 1942)

Der „Bruce Allmächtig" der Dallas Cowboys. Böse Zungen behaupten, nicht Headcoach Jason Garrett stellt die Mannschaft auf, sondern Besitzer Jones. Wobei sich der glühende Tony Romo-Fan in der vergangenen Saison aus der Quarterback-Diskussion überraschend dezent zurückhielt. Er weiß halt auch, dass er mit Super-Rookie Dak Prescott einen Glücksgriff hatte.

Reich geworden ist Jones mit der Gründung eines Gas- und Erdöl-Konzerns in Arkansas. Sein heutiges Vermögen wird auf über 5 Milliarden Dollar geschätzt. Die Cowboys kaufte er sich bereits 1989. Für einen „Schnäppchen-Preis" von 150 Millionen Dollar. Heute gilt das Team aus Texas als teuerstes Sportteam der Welt (vor Real Madrid und dem FC Barcelona). Aktueller Wert der Cowboys: 4,2 Milliarden Dollar.

Jones war früher selbst ein erfolgreicher College-Football-Spieler. Erst als Runningback, dann als Guard. Mit den Arkansas Razorbacks, dem Team der University of Arkansas, gewann er 1964 sogar die nationale College-Meisterschaft. Seine drei Kinder Stephen, Charlotte und Jerry Jr. arbeiten alle in leitender Funktion bei den Cowboys.

Paul Allen (Jahrgang 1953)

DER REICHSTE unter den reichen Teambesitzern. Seit 1997 verleiht er den Seattle Seahawks wieder Flügel. Allen gründete zusammen mit Bill Gates „Microsoft“. Der umtriebige Geschäftsmann (gilt als Visionär der vernetzten Welt) wird auf ein Vermögen von fast 19 Milliarden Dollar geschätzt. Damit gehört er laut „Forbes“ zu den 40 reichsten Menschen der Welt. 194 Millionen Dollar hat Allen damals für die Seahawks hingeblättert. Die standen damals kurz vorm Verkauf nach Kalifornien.

Eine Investition, die sich gelohnt hat. Heute wird der Wert des Klubs auf knapp 1,4 Milliarden Dollar taxiert. Allen päppelte die Seahawks wieder auf. Krönung: Der erste Super-Bowl-Sieg ihrer Geschichte (2014). Aus dem Tagesgeschäft hält sich der Mäzen weitgehend heraus. Der Mann hat genug zu tun. Neben seinen zahlreichen Technologie- und Raumfahrtfirmen gehört ihm auch das NBA-Team Portland Trail Blazers. Zudem ist er an der MLS-Mannschaft Seattle Sounders beteiligt.

Neben Sportklubs sammelt Allen auch Kunst. Ihm gehören Originalgemälde u. a. von Pablo Picasso, Vincent van Gogh und Claude Monet. Und er steckt auch viel Geld in soziale Projekte und Forschung. Im Kampf gegen das Ebolavirus investierte der Tausendsassa 2014 zum Beispiel 100 Millionen Dollar aus eigener Tasche. Allen ist übrigens Junggeselle. Er war nie verheiratet und hat keine Kinder. Sein Leben ist die Arbeit.

Robert Kraft (Jahrgang 1942)

Er hat die Lizenz zum Gelddrucken. Kraft wurde in der Papier- und Verpackungsindustrie reich und hat heute ein geschätztes Vermögen von über 5 Milliarden Dollar. Bereits 1994 hat er sich die New England Patriots unter den Nagel gerissen. Zum Preis von 172 Millionen Dollar. Damals eine Rekordsumme bei Klub-Verkäufen. Heutiger Wert der Franchise: ca. 3,4 Milliarden Dollar. Noch Fragen?

Mit Kraft am Ruder wurden die Patriots zum besten NFL-Team dieses Jahrtausends. Im Februar 2017 schnappten sie sich zum fünften Mal in 16 Jahren den Super Bowl. Okay, Quarterback Tom Brady hat sicherlich auch seinen Anteil an dieser Erfolgsserie ...
Kraft wurde in Brookline/Massachusetts geboren und lebt dort noch heute. Sein Vater Harry, der als Schneider in Bostons „Chinatown“ arbeitete, war sehr aktiv in der jüdisches Gemeinde und wollte, dass sein Sohn Rabbi wird. Dieser Wunsch blieb unerfüllt ... Kraft wurde ein sehr emsiger Geschäftsmann und ist bereits lange Fan der Patriots. Er ist Dauerkarteninhaber seit 1971. 1996 legte er sich dann auch noch eine Fußballmannschaft zu und gründete das MLS-Team New England Revolution.

Seit 2002 spielen die Patriots und Revolution im neugebauten Gilette Stadium in Foxborough (Baukosten damals: 350 Millionen Dollar). Dreimal darfst du raten, wer der Besitzer dieser Arena ist ... Genau, Robert Kraft.

Trotz seines hohen Alters geht Kraft mit der Zeit. Im Juli 2017 wurde bekannt, dass der Witwer (seine Frau Myra verstarb 2011) eines der ersten sieben Teams der neu gegründeten eSports-Profiliga „Overwatch League“ gekauft hat und es in Boston ansiedeln will. Die anderen sechs Franchises werden in New York, San Francisco, Los Angeles, Miami-Orlando, Shanghai und Seoul eröffnet.

Wahnsinnig klug von dem Mann sich jetzt in die Szene einzukaufen, die laut Experten in naher Zukunft boomen soll.

Stephen Ross (Jahrgang 1940)

Auch der Eigentümer der Miami Dolphins hat seine Kohle hauptsächlich mit Immobiliengeschäften gemacht. Sein Vermögen wird auf 12 Milliarden Dollar geschätzt. Insgesamt 1,1 Milliarden Dollar ließ Ross Anfang 2009 für den Kauf der Dolphins springen. Ihr Stadion war im Preis inbegriffen. Seine Rendite: Ein Wert-Plus von etwa 9% pro Jahr. Eine schöne Kapitalanlage ...
Ross ist für seine Großzügigkeit bekannt. Seiner früheren Uni in Michigan spendete er insgesamt bereits über 310 Millionen Dollar – und ist damit der größte Mäzen in der Geschichte dieser Hochschule.
Sein neuester Plan – der Kauf der Formel 1 – scheiterte allerdings. Zusammen mit Geschäftspartnern aus Katar zeigte Ross großes Interesse daran, Bernie Ecclestone die Rechte an der Rennserie abzukaufen. Für zuletzt kolportierte 7 Milliarden Euro. Den Zuschlag erhielt im Januar 2017 letztlich aber „Liberty Media“.

Shahid Khan (Jahrgang 1950)

Der geschäftstüchtige Pakistani gönnte sich 2012 die Jacksonville Jaguars. Der Industriemogul (ihm gehört der Automobil-Zulieferer „Flex-N-Gate“) machte stolze 770 Millionen Dollar für den dauererfolglosen Klub aus Florida locker. Ist der irre? Dachten viele. Aber die investierte Kohle hat sich für „King Khan“ längst gelohnt. Heute schätzt „Forbes“ den Wert der Jaguars auf stattliche 1,2 Milliarden Dollar. Heißt: Khan hat bislang einen satten Gewinn gemacht.

Kurios: Eigentlich wollte Khan (fast 7 Milliarden Dollar schwer) sich die St. Louis Rams krallen. Da machte ihm aber Stan Kroenke einen Strich durch die Rechnung. Also setzte Khan Plan B um – und schnappte sich die Jaguars. Beendet war seine Shopping-Tour damit aber noch nicht. Im Juli 2013 kaufte er Mohamed Al Fayed auch noch den englischen Fußballklub FC Fulham für geschätzte 300 Millionen Dollar ab.

Als Khan im Alter von 16 zum Studieren in die USA kam, hatte er nur 500 Dollar in der Tasche und arbeitete zunächst tatsächlich als Tellerwäscher. Für 1,20 Dollar die Stunde. Fahrt nahm seine einzigartige Geschäftskarriere erst mit der Entwicklung eines revolutionären Designs für eine einteilige Stoßstange für Trucks auf. Als Kunden von „Flex-N-Gate“ konnte der zweifache Familienvater Firmen wie General Motors, VW, Toyota, Ford und Suzuki gewinnen.

<u>Stan Kroenke</u> <u>(Jahrgang 1947)</u>

Der „Dagobert Duck" aus Missouri hat zwei große Leidenschaften: Immobilien und Sport. Er besitzt viele Grundstücke und Einkaufszentren. Und hat dank seiner Frau Ann Walton Kroenke (Erbin von „Wal-Mart") auch 'ne Menge „Spielgeld" zur Verfügung. 2010 kaufte Kroenke nach einem Bieterstreit die St. Louis Rams für 750 Millionen Dollar. Heute sind die Rams das Doppelte wert. Nach ihrem Umzug nach Los Angeles erwarten Experten in nächster Zeit einen Anstieg des Teamwerts auf 3 Milliarden Dollar ...

Kroenke (Vermögen knapp 8 Milliarden Dollar) ist ein echter Sportmogul. Neben den Rams gehören ihm die Teams Denver Nuggets (NBA), Colorado Avelanche (NHL) sowie die Colorado Rapids (MLS). Zusätzlich ist er Mehranteilseigner vom englischen Fußballklub Arsenal London! Kroenke mischt sich aber sehr selten ins Tagesgeschäft ein und gibt der Presse auch fast nie Interviews. Sein Spitzname lautet „Silent Stan".

Unfassbar: Der Vater von zwei Kindern nennt insgesamt über 860.000 Hektar Land in Nordamerika sein Eigen. Das ist in etwa die dreifache Fläche der Stadt Los Angeles. Damit zählt er laut dem „The Land Report"-Magazin zu den Top 10 Landbesitzern in den USA.

Terrance Pegula (Jahrgang 1951)

Das amerikanische Klischee „Vom Tellerwäscher zum Millionär“ ist für den Besitzer der Buffalo Bills nicht nur ein Spruch. Der studierte Mathematiker gründete 1983 mit geliehenen 7.500 Dollar Startkapital „East Resources“. Eine Firma in der Erdöl- und Erdgasbranche, die er zu einem gigantischen Industrieunternehmen ausbaute. 2010 verkaufte Pegula sein „Baby“ – für satte 6,45 Milliarden Dollar.

Jetzt war der fünffache Familienvater (seine Tochter Jessica ist Profitennisspielerin) so richtig flüssig – und investierte in sein liebstes Hobby: den Sport. Erst übernahm er gemeinsam mit seiner Frau Kim die Eishockeyklubs Buffalo Sabres und Rochester Americans sowie das Lacrosseteam Buffalo Bandits. Im September 2014 dann auch noch die Buffalo Bills aus der NFL. Damals stach er u. a. Investorengruppen um Donald Trump oder Jon Bon Jovi aus und blätterte am Ende 1,4 Milliarden Dollar für die dauerkriselnde Franchise aus dem Nordosten der USA hin. Viel Knatter für ein Team, das zuletzt im Jahr 1999 die Playoffs erreichte ...

Verheiratet ist „Terry“ seit 1993 mit Kim (Jahrgang 1969). Einer gebürtigen Südkoreanerin, die als Fünfjährige von ihren leiblichen Eltern verstoßen wurde und einfach in den Straßen Seouls sich selbst überlassen wurde. Ende 1974 wurde sie in die USA geflogen und von einem amerikanischen Ehepaar adoptiert.

Ihren heutigen Ehemann lernte sie in Alaska in einem Restaurant kennen, in dem sie damals kellnerte. Nun ist sie neben Jacksonville-Jaguars-Besitzer Shahid Khan die einzige NFL-Franchise-Besitzerin, die außereuropäischer Abstammung ist. Obwohl den Pegulas fast alle Sportteams in Buffalo gehören, leben sie lieber in der Sonne als im kalten Nordosten der USA. Sie haben sich in Florida niedergelassen.

Elisha Nelson „Eli" Manning 2012, der Saison des Super Bowl XLVI-Sieges

#3 Die gigantischen Verträge der Stars

Die NFL ist ein knallhartes Business. Ein Wirtschaftsunternehmen, das auf Profit aus ist. Neben dem Sport geht es um Geld. Um viel Geld. Pro Jahr setzt die National Football League über 10 Milliarden Dollar um. Das macht sie mit großem Abstand zur reichsten Sportliga der Welt. NFL-Boss Roger Goodell hat 2010 das Ziel ausgegeben, diesen Umsatz bis zum Jahr 2027 mindestens zu verdoppeln.

Aber was wäre die NFL ohne ihre sportlichen Aushängeschilder, ohne die herausragenden Athleten? Genau, nichts! Das wissen alle. Deshalb wird fleißig mit Dollarscheinen gewedelt. Hier gilt das Leistungsprinzip. Die großen Stars lassen sich ihre Shows fürstlich bezahlen. Wer zu den Besten der Liga gehört, verdient Millionen. Säcke voller Millionen.

Schätz' mal, wie viel Kohle zum Beispiel Eli Manning bis Mitte 2017 in seinen bis dato 13 NFL-Jahren schon gescheffelt und von den New York Giants eingesackt hat? Über 205 Millionen Dollar!!! Ja, du hast richtig gelesen. 205 Millionen Dollar. ZWEIHUNDERTFÜNF! Dafür muss Oma lange stricken ...

Mit dieser Summe ist der Quarterback und zweimalige Super-Bowl-Sieger momentan (Stand Juli 2017) der

Karriere-Topverdiener unter allen noch aktiven NFL-Stars. Und: Mannings Vertrag im „Big Apple“ läuft noch bis 2020. Erfüllt er den, stehen am Ende sogar über 250 Millionen (!) Dollar auf seiner Haben-Seite. Eine viertel Milliarde. Uff ...

Laut dem US-Portal Spotrac folgen mit Tom Brady (New England Patriots) und Drew Brees (New Orleans Saints) weitere Quarterbacks auf den Plätzen 2 und 3. Brady bekam bis Mitte 2017 satte 196 Millionen Dollar überwiesen, Brees 181 Millionen Dollar. Die Top 5 werden von Philip Rivers (Los Angeles Chargers/rund 174 Millionen Dollar) und Ben Roethlisberger (Pittsburgh Steelers/158 Millionen Dollar) abgerundet.

In den Top 10 der im Sommer 2017 aktuellen „Career Earnings“-Liste tummeln sich ausschließlich Quarterbacks. Bis auf zwei Ausnahmen: Julius Peppers und Larry Fitzgerald. Abwehrveteran Peppers (aktiv für die Carolina Panthers, Chicago Bears und Green Bay Packers) hat sich bislang knapp 156 Millionen Dollar in die Taschen gesteckt. Wide Receiver Fitzgerald (seit 2004 bei den Arizona Cardinals) über 140 Millionen Dollar. Damit belegen sie die Ränge 7 und 8. Überraschend: Unter den Top 20 ist nur ein

Runningback. Die erste „Dampfmaschine“ auf dieser Liste ist Adrian Peterson (lange Minnesota Vikings, jetzt New Orleans Saints) mit bislang 94 Millionen Dollar auf Rang 18.

Und Peterson war oft lange verletzt und wegen Misshandlung seines Kindes für eine gesamte Saison gesperrt ...

Zum bestbezahlten NFL-Spieler aller Zeiten ist im Sommer 2017 Matthew Stafford aufgestiegen. Der Quarterback der Detroit Lions hat einen neuen Fünf-Jahres-Vertrag über insgesamt 135 Millionen Dollar unterschrieben. Macht pro Jahr die stolze Summe von 27 Millionen Dollar. Damit hat Stafford nach nur wenigen Wochen Derek Carr vom Thron gestoßen. Der Spielmacher der Oakland Raiders hatte kurz zuvor ebenfalls ein neues Arbeitspapier unterschrieben, das ihm 25 Millionen Dollar pro Saison beschert. Auf Platz 3 in dieser Bestenliste: Andrew Luck, Bälleverteiler der Indianapolis Colts, mit durchschnittlich 24,6 Mio. Dollar Gehalt pro Jahr.

An der Spitze wird sich aber wohl auch Stanford nicht lange halten können. In den darauffolgenden Monaten standen u. a. auch Vertragsgespräche bei seinen Quarterback-Kollegen Aaron Rodgers (Green Bay Packers), Matt Ryan (Atlanta Falcons) und Kirk Cousins (Washington Redskins) an. Alle Experten gehen davon aus, dass mindestens einer dieser Drei in Zukunft noch mehr als 27 Millionen Dollar verdienen wird.
Was für wahnsinnige Summen...

Willenlos mit Geld um sich schmeißen können die General Manager der 32 NFL-Teams aber nicht. Jede Mannschaft muss sich an das „Salary Cap“, eine

Gehaltsobergrenze, halten. Im Sommer 2017 betrug sie 167 Millionen Dollar pro Mannschaft. Heißt: Die jeweils 53 Mann starken Kader eines jeden Teams während der Saison dürfen maximal diese Summe für Gehälter pro Jahr verschlingen. Wenn also allein schon ein Derek Carr von den Oakland Raiders 25 Millionen bekommt, bleiben für die restlichen 52 Spieler im Kader „nur" noch 142 Millionen Dollar übrig. Macht im Schnitt 2,7 Millionen Dollar für jeden. Aber so läuft das nicht ...

Um beim Beispiel Oakland zu bleiben: Neben Carr bekommen etwa noch eine Handvoll weiterer Spieler fette Millionenverträge und verdienen damit überdurchschnittlich. Dazu zählen meist auch die „Rookies", also die NFL-Debütanten, die früh in der 1. Runde des Drafts gezogen werden. Der Rest wird auf die anderen Profis aufgeteilt. So ist das in jedem Team. Zum Vergleich: Der „Salary Cap" in der US-Basketballliga NBA lag im Sommer 2017 bei 99 Millionen Dollar pro Team, allerdings während der Saison verteilt auf nur 15 Spieler pro Mannschaft. NBA-Superstar Stephen Curry (Golden State Warriors) unterschrieb im Juli 2017 einen neuen Fünfjahresvertrag mit einer garantierten Gehaltssumme von 201 Millionen Dollar.

Kurz darauf verlängerte James Harden von den Houston Rockets sein Arbeitspapier frühzeitig bis 2023. Das bringt ihm insgesamt 228 Millionen Dollar ein. Zum selben Zeitpunkt verdient ein Fußballstar wie Lionel Messi Gerüchten zufolge 36 Millionen Euro pro Jahr beim FC

Barcelona. Cristiano Ronaldo bei Real Madrid angeblich rund 40 Millionen Euro per annum... (Um Gehälter im Fußball wird im Gegensatz zum US-Sport ein Geheimnis gemacht.) Dafür müssen die beiden Fußballstars aber auch deutlich mehr Pflichtspiele als ein NFL-Profi pro Saison abspulen.

Im Football gibt's hingegen viel öfter auf die Socken. Die Gefahr schwerer Verletzungen und bleibender Schäden nach der Karriere ist viel höher. Und wer es nur in den maximal zehnköpfigen „Practice Squad" (diese Spieler dürfen lediglich trainieren, nicht spielen) geschafft hat, erhält vergleichsweise läppische 6.000 Dollar pro Woche. Für uns viel Geld. Für die NFL „Peanuts". Der „Salary Cap" in der NFL wird bis 2020 übrigens auf 200 Millionen pro Team ansteigen ...

Richtig Schotter verdienen aber nicht nur die, die für Punkte sorgen, sondern auch die, die Punkte des Gegners verhindern und beeindruckende „Drecksarbeit" leisten. Auch Verteidiger müssen sich nach ihrer Sportrente nie wieder Gedanken um Geld machen. In der laufenden Saison 2017 stehen gleich sechs „Knochenbrecher" in den Top 10 der Topverdiener: Kawann Short, Defensive Tackle der Carolina Panthers, streicht 26 Millionen Dollar ein. Die Cornerbacks Josh Norman (Washington Redskins) und Stephon Gilmore (New England Patriots) satte 24 bzw. 23 Millionen Dollar. Jason Pierre-Paul (Defensive End der New York Giants) 22,25 Millionen Dollar, Chandler Jones (Linebacker der

Arizona Cardinals) 22 Millionen Dollar und Eric Berry (Safety der Kansas City Chiefs) 21 Millionen Dollar. Bedeutet: Egal, wie weit ihre jeweiligen Teams in dieser Spielzeit kommen – alle streichen durchschnittlich mindestens eine Millionen Dollar pro NFL-Spiel ein.

Man darf aber auch nicht vergessen: Die NFL bzw. das jeweilige Team stattet die Spieler auch mit „Luftschlösser"-Verträgen aus. Ein 20-Millionen-Vertrag ist noch längst nicht ein 20-Millionen-Vertrag. Und ein 500.000-Dollar-Vertrag noch lange kein 500.000-Dollar-Vertrag. Verletzt sich ein Spieler, zeigt er schlechte Leistungen oder muss Kohle für einen besseren Profi her – sitzt er oft auf der Straße. In den kommunizierten Verträgen handelt es sich um ein Maximalgehalt. „Garantiert" ist oft nur ein Viertel dieser Summen. Nur wer spielt, bekommt in dieser Scheinwelt volles Gehalt. Irgendwie ja auch gerecht.

Kurios: Vergleichsweise wenig kassieren die NFL-Profis in der heißesten Saisonphase: den Playoffs. Für den Gewinn des Super Bowl gibt's „nur" etwas mehr als 100.000 Dollar pro Nase. Im Idealfall sahnen die Spieler von der 1. Playoff-Runde bis zum Endspieltriumph knapp 210.000 Dollar ab. Dafür haben alle NFL-Akteure, die mindestens drei Jahre in der Liga unter Vertrag standen (und mindestens drei Spiele pro Saison gemacht haben), später Anspruch auf klassische Rentenzahlungen von der NFL.

#4 Die Deutschen.
Ein Interview mit Björn Werner

Anders als in den anderen großen US-Sportligen NHL und NBA spielen Nicht-Amerikaner in der NFL kaum eine Rolle. Einen ausländischen Superstar gibt es nicht. Trotzdem haben – vor allem in jüngster Vergangenheit – einige Deutsche eine tragende Rolle in der reichsten Liga der Welt gespielt. Sebastian Vollmer, als Offensive Liner einer der Beschützer von Tom Brady, ist 2015 und 2017 mit den New England Patriots Super-Bowl-Champion geworden. Markus Kuhn, Defensive Tackle von Beruf, gelang es im Dezember 2014 als erstem Deutschen, einen Touchdown in einem NFL-Spiel zu erzielen. Beide haben ihre Karriere vor Kurzem beendet. Die Linebacker Kasim Edebali (derzeit Denver Broncos) und Mark Nzeocha (Dallas Cowboys) sind in der Liga mittlerweile etabliert. Wide Receiver Moritz Böhringer kam für die Minnesota Vikings bislang nicht über die Reservistenrolle hinaus.

Das fetteste Ausrufezeichen hat allerdings Björn Werner gesetzt. Der Verteidiger wurde im Draft 2013 an insgesamt 24. Stelle von den Indianapolis Colts ausgewählt – als erster und weiterhin einziger Deutscher in der 1. Runde eines NFL-Drafts. In drei Jahren bestritt Werner 42 NFL-Spiele (darunter vier in den Playoffs) für die Colts. Sein neues Team, die Jacksonville Jaguars, entließ ihn kurz vorm Saisonstart 2016.

Im Januar 2017 verkündete der Berliner sein Karriereende. Begründung: Seine Knie seien der Belastung nicht mehr gewachsen.

Im Interview spricht Björn Werner über seinen Traumjob.

Was macht die Faszination NFL für dich aus?
Björn Werner: „Die NFL ist einfach der meistgesehene Sport in Amerika. Und das heißt was, denn es gibt in den USA eine Menge Profiligen. Jeder redet das ganze Jahr über die NFL. Sogar wenn sie Spielpause hat und parallel die NBA läuft. Die Leute freuen sich jedes Jahr auf die neue Saison und können es nicht abwarten, dass sie wieder losgeht."

Warum ist die NFL für dich die geilste Liga der Welt?
Björn Werner: „Weil sie nur von August bis Februar geht und man sich als Spieler, Trainer oder Fan das ganze Jahr darauf freut. Diesen Offseason-Hype gibt es nur in der NFL. Jeder ist einfach immer bereit, wieder Football zu gucken."

Wann stand für dich fest, dass es dein Ziel ist, irgendwann in der NFL zu spielen?
Björn Werner: „Mit 14, 15 Jahren war ich in der U19 schon einer der Besten. Und ich habe nach der Schule und dem Training immer ‚Madden' auf der Playstation gezockt. Ich kannte jeden Spieler auswendig. Ich wusste, wenn ich an die Highschool gehe, ist es mein Ziel, in die NFL zu kommen."

Welche Erinnerungen hast du an deinen Draft-Day im April 2013 in New York?

Björn Werner: „Das war unglaublich, eine coole Erfahrung. Ein Traum, der in Erfüllung gegangen ist. Und dann noch als Deutscher. Vorher denkt man da noch gar nicht daran, welches Team einen wohl nimmt. Meine Eltern, die zuvor noch nie in den USA waren, und meine drei Brüder waren dabei. Ich hatte meine Familie davor drei Jahre nicht gesehen, weil ich während meiner College-Zeit in Florida so wenig Zeit hatte. Ich konnte auf einmal meine ganze Familie stolz machen. Wir wurden in einem Hotel mitten in Manhattan untergebracht und wurden von einer großen Limousine abgeholt. Da konnte ich sagen: ‚Guckt mal Mama und Papa, was euer Sohn geschafft hat'." (lacht)

Und während des Drafts wurdest du „Opfer" eines Telefonstreichs.

Björn Werner: „Ja, das war echt das Schärfste. Die Miami Dolphins hatten hochgetradet für den 3. Pick. Und auf einmal klingelt mein Telefon. Da dachte ich: ‚3. Pick, niemals!' Ich geh' ran. Aber das war ein ‚prank call'. Jemand hat sich eingehackt in diese Telefonleitung und hat einfach nur gelacht. Das ist öfters passiert. Bevor ich ausgewählt wurde, wurde viermal bei mir angerufen. Da haben alle gedacht: Wie kann das sein? Wir sind hier bei der NFL und können nicht mal eine sichere Telefonleitung haben. Das war echt unglaublich."

In welchem NFL-Stadion herrscht deiner Meinung nach die beste Atmosphäre?

Björn Werner: „Bei den New England Patriots, den Seattle Seahakws und den Denver Broncos! Auch bei den Indianapolis Colts war es cool. Aber wir hatten eher ältere Fans ..." (lacht)

Welche Begegnung mit einer NFL-Ikone wirst du nie vergessen?

Björn Werner: „Da stehen Tom Brady und Peyton Manning auf jeden Fall ganz oben auf meiner Liste. Weil die beiden einfach zwei der besten Spieler aller Zeiten sind."

Wie ist es als Deutscher in der NFL?

Björn Werner: „Geil! Du weißt, dass es für dich als Europäer noch schwerer und härter ist, das zu schaffen, wovon sehr viele Amerikaner träumen. Egal, in welchem Team ich war, ich war immer ‚The German' und habe immer dumme Fragen bekommen, wie es in Deutschland ist. Glaubt mir, es gab echt dumme Fragen! Das war immer ein guter Eisbrecher."

Kucze *in den Kulissen*
der „FOOTBALLEREI"

#5 Die größten Super-Bowl-Skandale

S-U-P-E-R B-O-W-L. Der Wahnsinn aus Sport und Show in neun Buchstaben. Das NFL-Finale elektrisiert. Wenn am ersten Sonntag im Februar die beiden besten Teams aufeinanderprallen, schauen jedes Jahr Milliarden Menschen zu. Es ist das größte Einzelsportereignis dieses Erdballs. Ein Event, über das man auf jedem Kontinent spricht, schwärmt, fachsimpelt und diskutiert. Und ein Event, das ein Gesprächsthema ist, weil regelmäßig auch Aufreger über das Spielfeld hinaus geschehen.

Das hier sind die größten Skandale in der Geschichte des Super Bowl.

„Nipplegate"

Das war zu viel für die prüden Amerikaner: In der Halbzeitshow des Super Bowl am 1. Februar 2004 in Houston legten Justin Timberlake und Janet Jackson eine heiße Tanzeinlage hin. Er war irgendwann so wuschig, dass er seine Finger nicht mehr unter Kontrolle hatte und ihre rechte Brust für einen kurzen Augenblick entblößte. BUSENBLITZER-AAALARM. Seitdem werden die Halbzeitshows des Super Bowl immer mit ein paar Sekunden Verzögerung ausgestrahlt ...

„Warum liegt denn da Stroh?“

Ups ... Während einer Spielpause kurz vor Ende des Super Bowl am 1. Februar 2009 in Tampa kam es tausende Kilometer entfernt in Tucson/Arizona zu einer Verwechslung des Kabelsignals. Rund 80.000 TV-Zuschauer sahen statt Werbespots 30 Sekunden lang einen Hardcoreporno. Zu sehen war eine Szene von Porno-Queen Jenna Jameson beim Oralverkehr.
Da bekam der Football-Begriff „Sack“ plötzlich eine ganz neue Bedeutung.

Blackout im Stadion

Der Super-GAU während des Super Bowl am 3. Februar 2013. Es hatte gerade die 2. Halbzeit zwischen den Baltimore Ravens und den San Francisco 49ers begonnen, da fiel in der Mercedes-Benz-Arena das Flutlicht aus. Plötzlich war's zappenduster. 34 Minuten lang! Denn auch die Notstromversorgung streikte. Schuld soll ein defektes Messgerät, das die Elektronik hat runterfahren lassen, gehabt haben.

Verschwörungstheoretiker glauben, dass der plötzliche Licht-Blackout absichtlich herbeigeführt wurde. Die Umsätze im Stadion stiegen nämlich (der Ami hat ja Dauerhunger). Und auch die TV-Sender (ein 30-sekündiger Werbespot während des Super Bowls kostete damals 4 Millionen Dollar) rieben sich die Hände.

„Schnee“ in Miami

Die Cincinnati Bengals hatten am 21. Januar 1989 – am Abend vorm Super Bowl gegen die San Francisco 49ers in Miami – ein letztes Team-Meeting. So weit, so normal. Aber Runningback Stanley Wilson erzählte seinen Teamkollegen plötzlich, er habe sein Playbook auf dem Hotelzimmer vergessen und müsse es kurz holen. Als er aber auch nach 20 Minuten noch nicht wieder da war, schaute Running-Back-Coach Jim Anderson nach ihm – und fand Wilson schwitzend und zitternd auf dem Boden liegend. Mit weißem Pulver auf der Oberlippe und an der Nase. Oha!

Und es war nicht das erste Mal, dass Wilson mit Kokain erwischt wurde. Wegen seines „feinen Näschens“ war er bereits die gesamte NFL-Saison 1985 und 1987 gesperrt gewesen. Nach diesem erneuten Vorfall wurde der damals 27-Jährige lebenslang aus der Liga ausgeschlossen. Für Wilson kam es danach sogar noch schlimmer: Wegen diverser Einbrüche wurde er 1999 zu 22 Jahren Knast verurteilt.

Stanley Wilsons Sohn, sehr kreativ auf den Namen Stanley Wilson II getauft, schaffte übrigens auch den Sprung in die NFL. Spielte von 2005 bis 2007 als Cornerback für die Detroit Lions. Aber auch er geriet mit dem Gesetz in Konflikt. Im Juni 2016 versuchte er, in ein Haus in Portland/Oregon einzubrechen. NACKT!

Und Anfang 2017 kam er wieder mit dem Gesetz in Konflikt, wurde erneut verhaftet und war dabei wieder – NACKT. Eine schrecklich aufregende Familie ...

Ein verhängnisvoller „Abstecher“

Während seine Teamkollegen die Nacht vorm Super Bowl am 31. Januar 1999 in ihren Hotelbetten verbrachten, ging Eugene Robinson noch für einen „Abstecher“ in einen Rotlichtbezirk Miamis. Er wollte ’ne schnelle Nummer gegen Geld. Dumm nur, dass der Verteidiger der Atlanta Falcons dort einer verdeckt ermittelnden Polizeibeamtin 40 Dollar für Oralsex bot ... Robinson wurde auf der Stelle verhaftet. Nur wenige Kilometer von seiner Familie entfernt (seine Frau und seine zwei Kinder waren zu der Zeit bei ihm in Miami).

Unglaublich: Wenige Stunden zuvor wurde er mit dem Bart-Starr-Award ausgezeichnet (wird an Sportler mit hohem moralischen Charakter verliehen). Logisch, dass das den Zeitungen am nächsten Tag eine fette Schlagzeile wert war. Niemand redete mehr vom Spiel. Die Falcons offenbar auch nicht. Sie verloren gegen die Denver Broncos sang- und klanglos 19:34. MIT ROBINSON! Der war da wieder auf freiem Fuß und durfte auch mitspielen. Er lieferte aber eine miserable Leistung ab. Und auch den Bart-Starr-Award musste er ganz schnell wieder abgeben.

Der verschwundene Spieler

Für Barret Robbins von den Oakland Raiders war der (Erfolgs-)Druck offenbar zu groß. Der Center flüchtete einen Tag vorm Super Bowl 2003 in San Diego in einer Nacht- und Nebel-Aktion nach Mexiko. Als er wieder auftauchte, erklärte er, er leide unter einer bipolaren Störung und hätte seine Depressionsmedikation falsch eingestellt. Dadurch war er im Wahn der festen Überzeugung, dass die Raiders den Super Bowl längst gewonnen haben (in der Realität hat Oakland verloren). Robbins ließ sich daraufhin für 30 Tage in die „Betty Ford Klinik" einweisen. In der Saison danach wurde er von den Raiders rausgeschmissen – wegen der Einnahme von Steroiden ...

Ein peinlicher Aussetzer

Wenn's um ihre Nationalhymne geht, verstehen die Amis keinen Spaß. „The Star-Spangled Banner" ist ihnen heilig. Viele können es selbst im Schlaf textsicher aus vollster Kehle mitsingen. Christina Aguilera nicht. Das Pop-Sternchen hatte beim Super Bowl am 6. Februar 2011 die große Ehre, die US-Hymne vorm Spiel zu trällern. Geprobt hatte sie ihren Auftritt – trotz fetter Gage – aber offenbar nicht. Aguilera ließ einen Vers komplett aus, wiederholte stattdessen einen anderen. Bei der vierten Zeile erlaubte sie sich einfach eine Doppelung. Nach dem Spiel entschuldigte sie sich kleinlaut: „Ich kann nur hoffen, dass die Zuschauer die Liebe zu meinem Heimatland spüren konnten (...)."

#6 Die stimmungsgewaltigsten Stadien

Was macht ein NFL-Spiel neben dem Sport, den Stars und Fast Food eigentlich aus? Klar: Die Stimmung auf den Rängen in diesen gigantischen Betonschüsseln. Und von denen gibt's in den USA reichlich. Alle NFL-Stadien sind riesige Arenen, viele von ihnen neugebaute Supertempel. Die kolossale, einzigartige Architektur zieht wohl nicht nur mich als leidenschaftlichen Ground Hopper in seinen Bann.
Falls du vorhast, demnächst mal ein NFL-Spiel zu besuchen, helfe ich dir bei der Entscheidungsfindung: Hier sind sechs der neuesten, besten, kultigsten und stimmungsgewaltigsten Stadien.

AT&T Stadium

Die Heimat der Dallas Cowboys ist der Inbegriff von Gigantismus. Die 2009 für 1,3 Milliarden Dollar (!) errichtete Arena bietet während NFL-Spielen Platz für 80.000 Fans. Das Fassungsvermögen kann für besondere Veranstaltungen aber sogar noch um bis zu 30.000 Plätze erhöht werden. So geschehen am 21. September 2009, als 105.121 Zuschauer das Spiel der Cowboys gegen die New York Giants live verfolgten. Das ist bis heute Besucherrekord für ein Regular-Season-Spiel in der NFL.

Die riesige Betonschüssel steht in Arlington/Texas, hat ein verschließbares Dach und zwei der größten HD-Bildschirme der Welt (46,3 Meter × 21,9 Meter). Gemessen an der Zuschauerkapazität ist sie die Fünftgrößte in der NFL. Böse Zungen behaupten, dass das AT&T Stadium mehr Strom verbraucht als das gesamte afrikanische Land Liberia ...

Arrowhead Stadium

Ein Oldie but Goldie. Das Zuhause der Kansas City Chiefs wurde bereits 1972 (für heutzutage läppische 43 Millionen Dollar Baukosten) eröffnet, zwischen 2007 und 2010 für 375 Millionen Dollar allerdings aufwendig modernisiert. Seitdem bietet es 76.416 Fans Platz.

Das Arrowhead hält den Rekord für das lauteste Stadion der Welt und steht damit auch im „Guinnessbuch der Rekorde". Am 29. September 2014, während des „Monday Night Games" der Chiefs gegen die New England Patriots, wurden 142,2 Dezibel gemessen. Kult sind auch die beiden ovalen Videoleinwände.

CenturyLink Field

Die Heimat der Seattle Seahawks wurde 2002 eröffnet. Baukosten: 360 Millionen Dollar. Kapazität: 67.000 Plätze (erweiterbar auf 72.000). Die sehr steile Arena duelliert sich mit dem Arrowhead Stadium um den Titel „lautestes Stadion der NFL“. Im „Vogelnest“ dröhnt es deswegen so sehr, weil sich unter der Dachkonstruktion der Lärm aufschaukelt. Das haben die Architekten absichtlich so konstruiert.

Weiterer Clou bei der Errichtung des Stadions: Das Dach ist architektonisch so konzipiert, dass bei Regen und Wind nur die Trainer und Reservespieler des Gastteams am Spielfeldrand nass werden. Die Seahawks auf der gegenüberliegenden Seite hingegen nicht. Pfiffig ...

Lambeau Field

Hier wird Football-Geschichte geatmet. Die Heimatschüssel der Green Bay Packers wurde bereits 1957 eröffnet, in der Zwischenzeit aber immer wieder für große Millionenbeträge renoviert und erweitert. Kein Stadion ist länger Schauplatz von NFL-Spielen. Aktuell passen hier 81.435 Zuschauer rein. Damit ist es nach dem New Yorker MetLife Stadium das zweitgrößte der NFL.

Benannt ist es nach Curly Lambeau († 1965), dem ersten Headcoach der Packers. Deren Fans, „Cheeseheads“

genannt, sind besonders treu. Seit über fünf Jahrzehnten ist jedes Heimspiel ausverkauft, Dauerkarten sind heiß begehrt. Momentan warten fast 100.000 (!) Anhänger auf ein Saisonticket-Abo ... Und das trotz eisiger Temperaturen. Das Lambeau Field wird „Frozen Tundra" genannt. Am 31. Dezember 1967 fand hier zwischen den Packers und den Dallas Cowboys das kälteste NFL-Spiel aller Zeiten statt. Das Thermometer zeigte -26 Grad an. Brrr ...

Mercedes Benz Stadium

Seit 2017 die neue Heimstätte der Atlanta Falcons. Dieser Gigant stellt fast alles in den Schatten. Die Baukosten sind über die Jahre explodiert und haben sich mehr als verdoppelt. Aus den zunächst für den Bau geplanten 700 Millionen Dollar sind am Ende 1,6 Milliarden geworden. Damit ist diese Multifunktionsarena noch teurer als das AT&T Stadium in Dallas.

Aber das investierte Geld wurde auch in das Beste des Besten gesteckt. Herzstück unter dem verschließbaren Dach ist die größte LED-Leinwand der Welt. Die 360°-Konstruktion hat einen Umfang von 327 Metern und verläuft rund um die kreisförmige Dachöffnung. Sie misst über 7500m^2 und ist damit größer als ein Fußballfeld in der Bundesliga. 71.000 Fans finden in diesem Stadion, in dem es sogar eine „Fantasy Football"-Lounge gibt, genügend Platz.

Auch verhungern wird hier niemand. Es gibt insgesamt 630 Verpflegungsstände. Für besondere Ereignisse – wie zum Beispiel den Super Bowl – kann das Fassungsvermögen auf 75.000 erhöht werden. 2019 steigt das Finale der NFL in Atlanta.

Heinz Field

Das „Spielzimmer“ der Pittsburgh Steelers hat was Maritimes. Das 2001 für 281 Millionen Dollar Baukosten eröffnete Schmuckstück grenzt direkt an den Ohio River. Angelehnt an die Steelers wurden insgesamt 12.000 Tonnen Stahl verbaut. Auf den Tribünen finden 68.400 Zuschauer einen Platz.

Kult ist die Fan-Base, genannt „Steeler Nation“. Seit 1975 kommt hier einer der bekanntesten Merchandising-Artikel der NFL zum Einsatz: das schwarz-goldene „Terrible Towel“ („furchtbares Handtuch“), mit dem vornehmlich wild geschwenkt wird. Auch in einem Hollywoodstreifen hatte das Heinz Field schon eine Nebenrolle. Im August 2011 wurde hier der Blockbuster „The Dark Knight rises“ mit 15.000 Komparsen gedreht.

#7 Die unterbezahlten Cheerleader

Sie gehören zur NFL wie Touchdowns, Tackles, Bier und Chicken Wings: die Cheerleader. Die knapp bekleideten, dauergrinsenden, stark geschminkten Mädels, die mit ihren Pompons und Tanzeinlagen in den Spielpausen für artistische Unterhaltung am Spielfeldrand sorgen. Und das seit über 60 Jahren. Die Baltimore Colts waren 1954 die erste Franchise, die neben American Football weiteres Entertainment für ihre Fans ins Programm nahm. Heute haben 27 der 32 NFL-Teams eigene Cheerleader-Gruppen. Lediglich die Cleveland Browns und die New York Giants hatten noch nie welche.

Ein Platz im Cheerleader-Kader eines NFL-Teams ist heiß begehrt – und der Traum zehntausender Mädels. Klar, man ist ja auch regelmäßig im Fernsehen. Aber die Castings sind knüppelhart. Es sind sportliche Höchstleistungen gefordert. Es herrscht strikte Disziplin. Es wird gnadenlos ausgesiebt. Genau wie bei ihren männlichen „Kollegen". Doch während die NFL-Stars auf dem Rasen hunderttausende Dollar oder sogar viele Millionen pro Saison kassieren, stehen die Cheerleader (ebenfalls Profis) finanziell im Abseits – und gingen bis vor Kurzem oft völlig leer aus. Es heißt, sie hätten für ihren Fulltime-Job in der reichsten Sportliga der Welt in den Jahren vor 2014 durchschnittlich nur etwa 100 Dollar pro Spiel bekommen ... Auch ihre Outfits und

Kosmetika mussten sie teilweise selbst kaufen. Und für die vielen Trainingszeiten, PR-Termine etc. gab's regelmäßig NULL. Wer soll sich in Amerika damit sein Leben finanzieren? Die Liga rechtfertigte dieses „Taschengeld" lange damit, dass sie ja Saisonarbeiterinnen seien und daher nicht an den Mindestlohn (in den USA mindestens 7,25 Dollar) gebunden sind. Aha ...

Im Spätsommer 2014 hatten fünf ehemalige Cheerleader der „Buffalo Jills" die Faxen dicke und reichten Sammelklage ein. Sie wollten mehr Geld! Die Buffalo Bills stellten ihre „Jills" (gab's seit 1967) daraufhin sofort kalt. Die gesamte Truppe. Seitdem haben die Bills keine Cheerleader mehr. Auch Tänzerinnen der Cincinnati Bengals, New York Jets und Tampa Bay Buccaneers zogen kurz darauf vor Gericht. Bei diesen drei Teams gibt es hingegen weiterhin noch Cheerleader. Auch bei den Oakland Raiders rumorte es gewaltig. Caitlin Yates, früher Mitglied der „Raiderettes", packte gegenüber „ABC" aus: „Mir wurden immer etwa 125 Dollar pro Spiel gezahlt. Das Geld haben wir gesammelt am Ende der Saison bekommen. Bei zehn Heimspielen kommt man auf 1250 Dollar, minus Abzüge. Manchmal wurden mir 40 Dollar Strafe in Rechnung gestellt, wenn ich mehrere Trainingseinheiten verpasst hatte. Das wird einfach von deinem Lohn abgezogen."

Um die 1.000 Dollar Jahresgehalt. Puh ... Zum Vergleich: Die, die in der NFL als Team-Maskottchen arbeiten, verdienen gegenüber Cheerleadern das 40-fache ...!

Die Oakland Raiders verhinderten eine juristische Auseinandersetzung und zahlten plötzlich schnell zumindest Mindestlohn. Auch rückwirkend für die Jahre 2010 bis 2014. Für rund 100 Cheerleader gab's zusammen einmalig 1,25 Millionen Dollar. Immerhin. Betrachtet man den zeitlichen Aufwand, ist das pro Nase aber auch nicht wirklich viel. Zudem wurde 2016 in Kalifornien ein Gesetz erlassen, das gewährleistet, dass alle Cheerleader im gesamten Bundesstaat den Mindestlohn erhalten. Sie sind nun auch beim jeweiligen Club angestellt (gelten also nicht mehr als unabhängige Dienstleister) und haben damit auch Anspruch auf bezahlte Krankheitstage. Auch die NFL hat den Mindestlohn inzwischen anerkannt.

Trotzdem versucht sich die Liga vor dem unangenehmen Thema Unterbezahlung aus der Affäre zu ziehen. Das sei eine Angelegenheit der NFL-Teams, heißt es aus der Zentrale in New York. Jedes NFL-Team wirbt mit seinen Vorzeigemädels und verkauft alljährlich tausende Cheerleader-Kalender. Aber von diesen Erlösen sehen die „Gute-Laune-Girls" selbstverständlich auch keinen Cent. Ungerecht! Deshalb die Schadensersatzklage mit einem Streitwert in Höhe zwischen – Achtung, typisch USA – 100 und 300 Millionen Dollar.

Vor Kurzem feierten nun auch die „Buffalo Jills" einen Teilerfolg vor Gericht. Laut des Urteils eines Richters seien sie arbeitsrechtlich jahrelang falsch behandelt worden. Anhand ihrer Verträge, die sie unterzeichnet haben, müssten sie als Bills-Mitarbeiter und nicht als unabhängige Vertragspartner eingestuft werden. Damit besteht auch Anspruch auf Mindestlohn. „Dieses Urteil ist ein großer Sieg", jubelte Sean E. Conney, einer der „Jills"-Anwälte, in der „Buffalo News".

„Es geht nicht mehr darum, ob die Jills bezahlt werden sollen. Sondern wie viel sie jetzt bezahlt bekommen." Die Summe ist weiterhin offen. Darüber soll nun eine Jury abstimmen ...

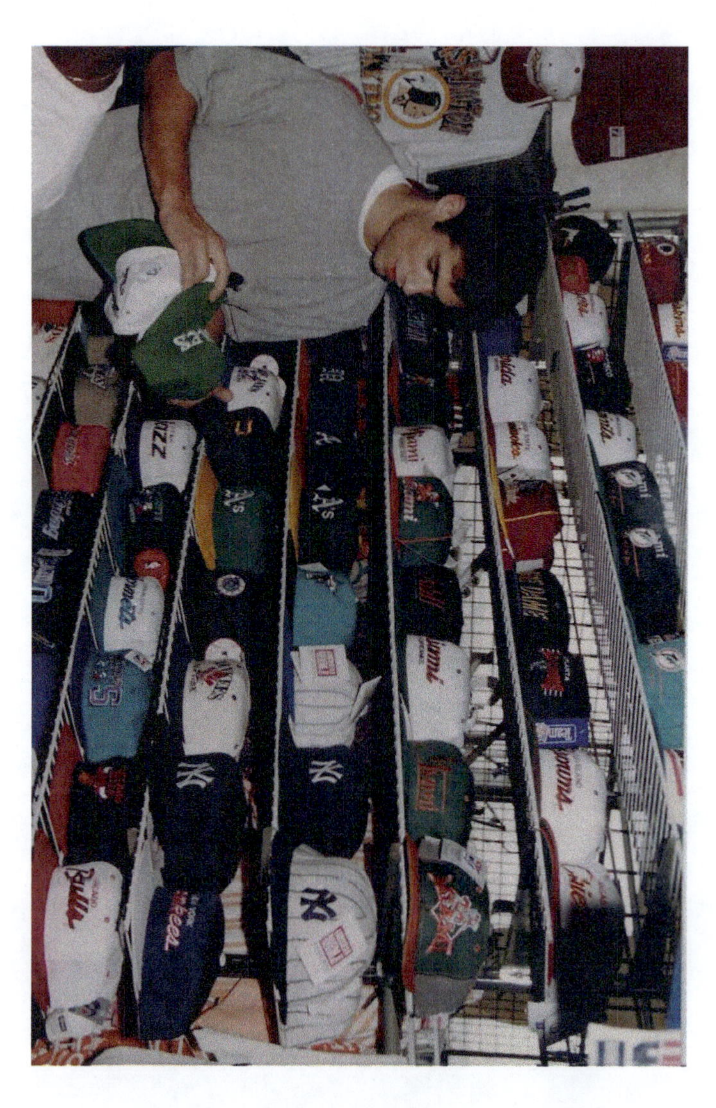

Carsten Spengemann, ca. 1990

*„Es war Liebe auf den ersten Blick.
Eine Liebe, die sich verändert hat."*

#8 „Die NFL ist eine Soap-Opera"

Viele kennen Carsten Spengemann nur als Moderator und Schauspieler. Aus TV-Formaten wie „Deutschland sucht den Superstar", „Verbotene Liebe" oder dem „Dschungelcamp". Dazu zählte ich bis vor Kurzem auch. Bis ich ihn im Rahmen der „Footballerei" erstmals persönlich traf – und schnell merkte, dass Spengemann (Jahrgang 1972) nicht nur seit Langem ein großer NFL-Fan, sondern auch ein NFL-Insider und echter Football-Experte ist. Als Jugendlicher spielte er früher u. a. als Linebacker für die Stormarn Vikings, Trittau Dukes und Elmshorn Fighting Pirates. Heute ist er u. a. Defensive Coordinator der Hamburg Ravens. Hier erzählt der Hamburger, wie er die NFL im Wandel der Zeit erlebt hat.

Ein Zwischenruf von *Carsten Spengemann*:

Es ist mittlerweile fast drei Jahrzehnte her, dass ich das erste Mal mit der NFL in Berührung kam. Ihre Wucht traf mich wie aus dem Nichts: Es war Liebe auf den ersten Blick. Eine Liebe, die sich verändert hat. Nicht in ihrer Intensität. Aber in meiner Wahrnehmung.

Hatte sie früher viele Geheimnisse vor mir, weiß ich heute fast alles von ihr. Meine Gier, sie permanent in meiner Nähe zu wissen, kann heute viel einfacher gestillt werden als im vergangenen Jahrtausend. Heute weiß ich: Die NFL ist eine Soap-Opera. Und ihr wisst:

Ich weiß, wovon ich spreche ...

Aber der Reihe nach:

In einer Zeit, als der Liter Super erstmalig knapp über eine Mark kostete, es Getränkedosen noch ohne Pfandaufschlag gab und man Zeitungen noch an einem Kiosk kaufen musste, saß ich, ohne zu wissen, was auf mich zukommt, in der Sonne Floridas und hatte eine Eintrittskarte für ein Spiel der Miami Dolphins in der Hand. Das war Ende der Achtziger. Mein Vater hatte es gut mit mir gemeint und dachte sich, dass er seinem Filius mal eine Welt zeigt, die für den Großteil der Europäer zu diesem Zeitpunkt nicht nur eine fremde Welt, sondern auch ein Buch mit sieben Siegeln war.

Kaum hatte ich in diesem riesigen, bunten Stadion meinen Platz direkt an der Ecke eines komplett ausgemalten Rechtecks gefunden, stand mein Mund nur noch offen. Was passierte hier nur? Es erinnerte mich eher an die Zeichnungen aus dem Geschichtsunterricht über die Gladiatoren im alten Rom als an eine Sportveranstaltung. Ich sah Kerle, die für mich so groß waren wie Scheunentore. Ich sammelte tausend Eindrücke auf einmal und war von ihnen fasziniert. Mein

Blick hastete von einer Spielergruppe beim Aufwärmen zur nächsten. Und irgendwann sah ich, dass alles, was eben noch auf dem Feld war, plötzlich in einem Gang nur wenige Meter neben mir verschwand. Was in mir die Frage aufwarf: Was kommt denn jetzt?

Ein älteres Ehepaar neben mir bemerkte mich. Sah, dass ich gerade Neuland betrat. Sie begannen, mir alles erklären zu wollen. Nett! Aber hätte ich doch bloß schon länger Englischunterricht in der Schule gehabt ... Mit Händen und Füßen ging es dann doch irgendwie. Und die Grundzüge des Spiels erschienen mir sogar verständlich.

Dann ging's plötzlich los. Überall Rauch und Nebel. Und wieder musste ich an meinen Geschichtsunterricht denken. Einmarsch der Gladiatoren. So was kannte ich von meinen Besuchen beim Fußball im Hamburger Volksparkstadion nun aber ganz und gar nicht. Und in diesem Moment war mir klar: Ich habe MEINE Sportart gefunden. Nach vielen Stunden voller neuer Eindrücke, Bildern, die sich in meinem Kopf festfraßen, und „Express-Englischunterricht-Regelkunde“ der zwei netten Pensionäre aus dem US-Bundesstaat Maine, kehrte ich ins Hotel zurück und war mir sicher, dass ich mehr von diesem Sport sehen und wissen wollte.

Aber: Das war damals leichter gesagt als getan. Ich hatte mir zwar alles an Zeitungen und Magazinen vor dem Rückflug besorgt, was ich in die Finger bekommen konnte. Aber mir war auch klar, dass dieser

Hamstervorrat nicht ewig reichen würde. Gott sei Dank war mein Vater Pilot bei der Lufthansa und flog um die ganze Welt. Wir vereinbarten einen Deal: Er versorgt mich in Zukunft mit allem Lesbaren rund um dieses Ei. Und ich musste dafür gute Noten in der Schule abliefern. Gut, was ist schon an einer plötzlichen Verwandlung zum Streber so schlimm, wenn man dafür regelmäßig seine „Droge" bekommt ...

Zu den Zeitschriften kamen schnell auch das eine oder andere T-Shirt und ein paar Caps. Und plötzlich fühlte ich mich dieser beeindruckenden Sportart so nah wie nie zuvor. Als ich dann später zum Geburtstag auch noch einen „Premiere"-Decoder bekam, war das für mich wie sechs Richtige plus Zusatzzahl im Lotto. Jedes Spiel, was ich schauen konnte, sog ich in mich auf und wollte immer mehr. Da ich mit meiner Liebe zu diesem Sport wohl doch nicht alleine war, stolperte ich sogar über eine deutschsprachige Zeitung (ja, den „Huddle" gab's damals schon ...). Und was entdeckte ich dort? Eine Anzeige der Firma „Pontel". Eine Firma, die Abos von Videokassetten (!) zum Thema College-Football und NFL anbot. Bingo! Ab dann habe ich mein gesamtes Taschengeld investiert und bekam jetzt regelmäßig VHS mit der Post. Verrückt, ne!?! Und auch Freunde, die ich im Laufe der Zeit mit meiner Begeisterung angesteckt hatte, schlossen selber solche Abonnements ab. Es entwickelte sich eine regelmäßige Tauschbörse. Ich fühlte mich wie im siebten Himmel.

American Football wurde im Alltag meiner Heimatstadt dann auch immer sichtbarer. Musik-Videos sei Dank. Die Mitglieder der damals schwer angesagten Hip-Hop-Band N.W.A. aus Los Angeles trugen Jacken und Caps der Oakland Raiders. Damit traten sie einen regelrechten Modetrend los. Diese schwarzen Starterjacken und Schirmmützen mit Raiders-Schriftzug sah man plötzlich an jeder Ecke. Das war 1990.

Das Gute: Bei vielen weckte das auch das Interesse an dem Sport. Und so hörte man von immer mehr Teams, die sich zusammenschlossen, um American Football auf deutschen Sportplätzen zu spielen. In der ganzen Republik. Zu meinem großen Glück gab es sogar eines fast direkt vor meiner Haustür. Also nahm ich meinen ganzen Mut zusammen und marschierte da einfach mal hin.

Da es damals nicht so einfach war, Dinge aus den USA zu bestellen, warteten viele schon wochenlang auf das passende Equipment. Was dem Willen, diesen Sport mit vollem Einsatz zu spielen, aber keinen Abbruch tat. Und so stand ich Wochen später das erste Mal auf einem Fußballplatz, den ich noch aus meiner Kindheit kannte – und wurde so derbe „vermöbelt“, dass ich Sterne sah. Aber Aufgeben ist nicht. Ich kam wieder. Und wieder. Bis ich endlich wusste, wie es ging und selber austeilen konnte. Egal ob nun Line-Spieler, Ballfänger oder Kicker: Alle hatten richtig Bock.

Aber was wussten wir denn eigentlich von der NFL? Wir kannten ein paar Spieler mit Namen. Hatten schon mal gehört, wie die Stadien heißen. Und sprachen über die Ergebnisse der letzten Woche. Bo Jackson, Emmitt Smith, Jim Kelly oder Dan Marino waren uns zwar ein Begriff. Aber welche Hobbys sie haben, ob sie eher Hunde oder Katzen mögen, ob sie außereheliche Gymnastik betreiben oder wie ihr Fuhrpark aussieht – das alles war uns völlig unbekannt. Weil es nirgendwo zu lesen oder zu sehen war. Social Media wurde erst knapp 20 Jahre später „erfunden". Für uns waren NFL-Spieler nur Athleten. Das Einzige, was für uns wichtig war, waren die Leistungen auf dem Platz.

Ab dem Ende der goldenen Achtziger Jahre war die NFL dann plötzlich auch in allen Segmenten der Unterhaltungsindustrie vertreten. Von Europa bis Asien. Vom Amiga-Computer über den Game Boy bis hin zum Super Nintendo. Jeder konnte auf einmal mit seinem Lieblingsteam um den Super Bowl kämpfen. In Spielhallen standen Flipperautomaten, die mit bunten Bildern rund um das Duell Offense gegen Defense um die Gunst des Spielers buhlten. Da verschwanden nicht nur meine 50-Pfennig-Münzen in sicherer Regelmäßigkeit im Gerät. Auch beim Kinobesuch war das Thema rund um die Pille aus dem Hause „Wilson" nicht mehr wegzudenken. Von Goldie Hawn und LL Cool J über Bruce Willis und Denzel Washington bis hin zum Idol der europäischen Jugend, Bud Spencer: Alle standen nun auch zum Thema American Football vor der Kamera. Und so saß ich regelmäßig vor meiner grauen

Spielkonsole made in Japan und dankte dem Hause Konami dafür, dass ich – nur durch den Einschub einer grauen Steckkassette – Headcoach der Dolphins sein durfte oder investierte mein Geld an der Kinokasse in Unterhaltungsfilme rund um meinen Sport.

Die Welt entdeckte die NFL und ebenso entdeckte aber auch die NFL die Welt. Als Absatzmarkt. Spätestens Mitte der Achtziger entwickelte sich die Liga zu einem knallharten Business-Unternehmen. Ihr größtes Ziel: Profit! Schnell gehörte der Sport zum amerikanischen Lebensgefühl wie Burger, Cola und Kaugummi. Um American Football in Europa noch bekannter zu machen, trug die NFL ab 1986 im Londoner Wembley-Stadion und ab 1990 auch im Berliner Olympiastadion Vorbereitungsspiele aus. Und taufte diese auf den Namen „American Bowl".

Die Menschen rannten die Bude ein. Und da diese Spiele trotz ihrer sportlichen Unwichtigkeit extrem gut besucht waren, entschied man in der NFL-Zentrale, eine eigene Liga zu gründen, um Europa regelrecht zu erobern. Der Plan gelang. Nach der World League mit Teams aus den USA, Kanada und der „alten Welt" wurde nach einigen weiteren Jahren eine eigene Europa-Liga daraus, die NFL Europe. Sogar das öffentlich-rechtliche Fernsehen berichtete in der guten alten Sportschau neben dem „Tor des Monats" plötzlich über Spiele der Frankfurt Galaxy und Co. Von nun an war der Super Bowl sogar Thema in einer großen deutschen Tageszeitung mit vier Buchstaben. Die Spieler waren jetzt mehr als bloße

Athleten, Namen und Rückennummern. Sie waren jetzt „anfassbar". Und begannen selbst, Show zu machen. Außergewöhnliche Touchdown-Jubler oder Tänze von Abwehr-Kolossen nach einem harten Hit sah man von nun an immer öfter. Football war Entertainment und stand für gute Laune. Und die Fans auf der ganzen Welt liebten eben genau das an diesem Spiel.

Mit der Verfügbarkeit des Internets und dem Ausbau der NFL-Präsenz im World Wide Web entstand ein völlig neuer Trend. Die Helden wurden von der Liga gemacht, durch News und Informationen immer weiter gehyped. Was früher noch die Panini-Bilder waren, waren plötzlich Homestorys und Gastauftritte in Blockbustern. Ich fand das geil.

Das Internet wurde schneller und schneller und die Mobiltelefone langsam smart. Die NFL wuchs zu einem Unterhaltungskonzern heran, der jeden Tag neue Fans rund um den Globus dazugewann. Und damit wuchs auch der Hunger der Anhänger von Tokio über Kapstadt bis Flensburg nach immer mehr Informationen aus ihrer Lieblingsliga. Und die Liga begann, für allzeit frisches Futter zu sorgen. Von Montag bis Sonntag. Rund um die Uhr. Immer! Umsonst! Im Angebot waren nun Schlagzeilen, Geschichten, Foto- und Video-Storys von allen Teams und ihren Stars. Dargeboten auf der eigenen Website in jeglichen Facetten.

Das NFL-Leben abseits der Plätze entwickelte sich mehr und mehr zu einer regelrechten Soap. Ja, ich benutze bewusst das Wort Seifenoper. Denn was nun alles Thema war, was für Charaktere von der Liga aufgebaut wurden – da lecken sich Drehbuchautoren die Hände nach.

Der neue Chef am NFL-Ruder, Roger Goodell, steuerte das Anfüttern der Fans mit Informationen, den Ausbau des eigenen Fernsehsenders und die weltweite Vermarktung in die richtige Richtung. Die Marketingmaschinerie kam immer mehr in Gang. Alle sahen einer rosigen Zukunft entgegen. Es gab nichts, was es nicht gab. Die Internetpräsenz der Liga wuchs und wuchs. Die NFL startete mit eigenen Magazinen. Einer Morning Show. Einer Show, die sich inhaltlich ausschließlich mit dem Modestil der Stars befasst. Einer Talk Show, die sich um College Football dreht. Um die Helden von morgen. Super-Bowl-Gewinner wechselten die Seiten und wurden zu TV-Kommentatoren und Experten. Das System funktionierte scheinbar perfekt. Egal, ob nun Fußball in Spanien, England oder sonst wo: Keine Liga der Welt setzte so konsequent ihre Spieler ins Rampenlicht, um solch eine Präsenz zu erlangen, wie es die NFL tat und tut.

Aber es gab einen Haken. Der oberste Chef im Büro der Liga hatte mit seinem Amtsantritt offenbar auch das Ziel, der National Football League einen neuen Namen aufzudrücken: Die „No Fun League“. Tackles, die wenige Jahre zuvor noch als Werbefotos von der Liga genutzt wurden, wurden verboten und mit erheblichen finanziellen Strafen für die jeweiligen Täter geahndet. Spieler wie Lawrence Taylor oder Reggie White, die durch ihren Spielstil die NFL revolutionierten und zu Helden einer ganzen Generation wurden, waren regelrecht unerwünscht. Tänze in der Endzone wurden unter Strafe gestellt. Provokantes Verhalten, wie es die Fans zum Beispiel an Deion Sanders liebten, wurde von den Schiedsrichtern schon im Ansatz unterbunden. Ex-Star John Lynch (heute General Manager der San Francisco 49ers), der als Free Safety für seine harten Hits bekannt war, kommentierte diesen Strafenkatalog mit den Worten: „Da hätte ich ja noch Geld zu meinem Gehalt draufzahlen müssen."

Konsequenz: Das Spiel hat sich verändert. Die Fans bekunden ihren Unmut darüber regelmäßig mit Pfiffen im Stadion. Aber NFL-Commissioner Goodell behält den Kurs bis heute bei und forciert den Wandel zu einem seiner Meinung nach „sauberen" Spiel. Spieler sind solange regelmäßig Thema auf den hauseigenen Sendern und Plattformen, solange sie sich sauber ins Bild einfügen und Leistungen bringen. Ndamukong Suh ist dafür das beste Beispiel. Sein Eintritt in die Liga, sein Einzug ins neue Zuhause, sogar seine Rundreise durch Europa inklusive Formel-1-Besuch wurde von der NFL medial begleitet. Bis sich der streitbare Verteidiger ein paar rüde Fehltritte auf dem Platz leistete und eher durch Old-School-Football auffiel als durch permanentes Fairplay.

„Störenfriede“ in der heilen Welt wie sie der Commissioner gern hätte passen einfach nicht ins Bild. Offensichtlich polarisieren ist unter „Roger Rigoros“ nicht erwünscht. Prompt wird der Fokus dann einfach schnell auf den nächsten Defense-Riesen gelegt. Wenn einer aus der Reihe tanzt, verhält es sich für den Commissioner wie bei dem Zauberlehrling und dem berühmten Besen, den er rief – und über den er dann die Kontrolle verlor.

Und der Besen von Herrn Goodell spielte bei Seattle und trug die Nummer 24. Marshawn Lynch. Das Kraftpaket legte zwar regelmäßig Highlight-Läufe hin. Er hatte aber weder Lust vor den hauseigenen oder spielübertragenden Kameras zu reden noch Einblicke in sein Privatleben zuzulassen. Es entbrannte ein regelrechter Kleinkrieg zwischen dem obersten Boss der Liga und dem wortkargen Runningback. Es hagelte nur so an Strafen aus dem Ligabüro für seine nicht eingehaltenen Interviews. Aber Mister Lynch zog seinen Stiefel trotzdem weiter konsequent durch und ließ sich nicht kleinkriegen. Schnell wurde ihm der Stempel des „Bösen“ aufgedrückt.

Nur hatte die NFL die Rechnung ohne die Fans gemacht. Denn die standen nicht nur zu und hinter den Spielern, sondern stellten auch immer wieder die Politik der Liga in Frage. Spieler wie James Harrison brachen nach angeblich zu harten Tackles und aufgedrückten Strafen öffentliche Diskussionen über die Richtigkeit dieser Strafenpolitik vom Zaun und fanden in den nicht von der

Liga gesteuerten Medien Gehör. So geriet ein Schneeball ins Rollen. Auch die sozialen Medien, die der Liga bei ihrer Vermarktung immens geholfen haben, sich in neue Dimensionen aufzuschwingen, wurden plötzlich zum Boomerang für Goodell. Denn selbstverständlich haben auch die Spieler ihre eigenen Plattformen, um ihre eigenen Meinungen und Sichtweisen der Dinge in die Welt zu tragen.

Da haben wir Colin Kaepernick, der seine Rolle als Quarterback der 49ers dazu nutzte, um auf und neben dem Platz auf Missstände in den USA aufmerksam zu machen. Da haben wir den „Gute-Laune-Bär" Rob Gronkowski aus New England, der regelmäßig das Leben und die Eskapaden eines reichen Mittzwanzigers auslebt und die Welt via Smartphones auch daran teilhaben lässt. Und das sind nur zwei von zahlreichen Beispielen, die dem Ligaboss wohl schon die eine oder andere schlaflose Nacht beschert haben.

Wie ich schon erwähnte, in der NFL geht es zu wie in einer Soap. Nur, dass lange der Bösewicht fehlte. Roger Goodell hat diese Rolle schnell eingenommen. Vielleicht nicht mal beabsichtigt. Stars wie „Gronk", Odell Beckham Junior oder Tom Brady haben auf ihren sozialen Kanälen eine höhere Reichweite als so manche Fernsehsender. Mehr Follower als manche Länder Einwohner.

Und so kam es zum „worst case scenario“ für Mister Goodell. Nachdem die Liga Tom Brady und dessen New England Patriots Mogeln mittels unzureichend aufgepumpter Bälle unterstellte, nutzte der Star-Quarterback die Medien, um seine Sicht der Dinge deutlich in die Welt zu tragen und sich gegen die von der Liga gegen ihn ausgesprochene Spielsperre zu wehren. Jeden Tag kamen mehr fragwürdige Details ans Licht. Die Daily Soap NFL hatte einen neuen Erzählstrang. Unter anderem ging es um private Mobiltelefongespräche, die Brady nicht bereit war, der Liga auszuhändigen. Wahnsinn.

Wie war das noch mit dem Besen, den der Mann rief und nicht mehr los wird? Selbst in den amerikanischen Mainstream-Medien hatte der Geschäftsführer der NFL plötzlich das Buhmann-Image. Schnell wurde klar, dass ihm die massive Nutzung der eigenen Medien und die regelrechte Ausschlachtung jeder Geschichte nun um die Ohren flog. Und wie in einem Hollywood-Blockbuster steht genau dieses Team und genau dieser Quarterback bald nicht mehr auf der Anklagebank, sondern im Super Bowl. Und gewinnt diesen auch noch nach einer phänomenalen Aufholjagd. Das kannst du dir nicht ausdenken ...

Die Übergabe der Vince Lombardi Trophy an Brady war Goodells persönlicher Gang nach Canossa. Die Bilder von Tom Bradys Topmodel-Frau Gisele Bündchen, und seinen Kindern, die den Anzugsträger bei der Zeremonie schlicht ignorierten, erreichten live mehr als eine

Milliarden Menschen. Jede Münze hat halt seine zwei Seiten. Und wenn man sich aufs Eis begibt, sollte man aufpassen, dass die Socken nicht zu heiß sind ...

Und was haben wir davon? Eine Menge! Wir bekommen jeden Tag bestes Sportainment frei Haus. Der stetige Zugriff auf eine gewaltige Masse von Informationen ist mittlerweile normaler Alltag. Ich weiß jetzt in Sekundenschnelle, wer wann welchen Vertrag verlängert. Wer wie viel verdient. Wer das Team wechselt. Wer mit wem zusammen ist. Wer verletzungsbedingt am kommenden Sonntag nicht spielen kann. Wer wen vermöbelt hat. Und und und ... Auf all das möchte ich nicht mehr verzichten. Auch wenn ich zu Beginn dieser Zeilen wie ein alter Mann klinge, weil früher alles besser war, möchte ich die Vorteile der modernen Technik – und was die NFL daraus macht – nicht missen. Ich bin der Liga und ihrem Lenker sehr dankbar, dass ich jetzt so bequem auf der Couch alle Spiele meiner Wahl sehen kann.

Wenn ich heutzutage als Coach auf dem Platz stehe und höre, worüber „meine Jungs“ vor dem Training zum Thema NFL so reden, dann frage ich mich trotzdem, was da nur passiert ist. Irgendwie ist der Sport in vielen Momenten nur noch Nebensache. Stattdessen höre ich von Inhalten, die mich mehr an einen Mix aus Boulevard-Magazin und Hollywoodfilm erinnern als an die gute alte NFL.

Also hat die „Soap Opera NFL" ein junges Publikum gefunden und den Trend der Zeit richtig erkannt. Wenn das der Preis ist, dass ich nicht mehr tagelang auf Zeitungen oder Videokassetten aus den USA warten muss, nehme ich die Evolution der Berichterstattung gerne in Kauf.

Und da Don Quichotte die Windmühlen auch nicht anhalten konnte, werde ich in Zukunft bei Flaggen, Pfiffen und Entscheidungen der Schiedsrichter auf dem Platz, die den Sport meiner Meinung nach verweichlichen, es halten wie Gisele Bündchen bei der Siegerehrung des letzten Super Bowl: Ich werde einfach versuchen, lächelnd über den Dingen zu stehen und mir meine Wut auf Roger Goodells Entscheidungen nicht anmerken zu lassen.

#9 Die kuriosen Typen in der NFL

Pro Saison haben NFL-Teams über 50 Mann im Kader. Klar, dass da der ein oder andere „Paradiesvogel“ darunter ist. Dass es da Profis gibt, die sich von der Masse abheben, weil sie eine besondere Geschichte, Marotte oder Schwäche haben. Dass es Typen gibt, die Unglaubliches zu erzählen haben. Hier stelle ich dir sechs von ihnen vor.

Der NFL-Star, der an Meerjungfrauen glaubt

Das mit dem Glauben ist ja so eine Sache. Der eine Mensch glaubt an Gott. Der andere an den Weihnachtsmann. Einige glauben an ein Leben nach dem Tod. Vereinzelte an die Meisterschaft von Bayer Leverkusen. Aber woran NFL-Profi William Hayes glaubt, glaubt ihr nie: Der Abwehrhüne ist davon überzeugt, dass es Meerjungfrauen WIRKLICH gibt.

Hayes gehört nicht zu den Topstars in der NFL. Ich würde ihn als Durchschnitt bezeichnen. 2008 wurde der Defensive End an insgesamt 103. Stelle von den Tennessee Titans im Draft gezogen. Von 2012 bis 2016 verteidigte er dann für die St. Louis bzw.

Los Angeles Rams (in der Saison 2016 gelangen ihm 5 Sacks in 14 Einsätzen). Seit Frühjahr 2017 gehört er zum Kader der Miami Dolphins.

Rückblick: In der Spielzeit 2016 hielt Hayes noch für die Los Angeles Rams die Knochen hin. Die wurden bei ihrer Saisonvorbereitung von der US-TV-Serie „Hard Knocks" begleitet. Und dann plauderte der damalige Headcoach Jeff Fisher plötzlich aus dem Nähkästchen: „William Hayes ist ernsthaft davon überzeugt, dass Meerjungfrauen existieren. Ich weiß noch genau, dass William total hippelig war, als er davon erfuhr, dass die Rams von St. Louis nach Los Angeles umziehen. Dann wäre er ja an der Westküste und damit den Meerjungfrauen viel näher ..."

BITTE WAS???

Und Hayes meint das tatsächlich ernst. Seinem Teamkollegen T.J. McDonald gegenüber begründete er das bereits 2015 so: „Die finden im Wasser doch jeden Tag neue Spezies." Aber es kommt noch besser: Hayes glaubt zwar an die Existenz von Meerjungfrauen. Dass es mal Dinosaurier auf der Welt gegeben hat, bezweifelt das 123-kg-Schlachtross allerdings. „Dinosaurier haben nie existiert. Sie haben nicht existiert, weil es nicht wahr ist. Dinosaurier haben nie den Erdboden betreten", sagt Hayes.

Und holt gegenüber „ESPN“ weiter aus: „Mit diesen Knochen, die angeblich immer mal wieder gefunden werden, ist es doch verrückt, weil der Mensch noch nie einen Dinosaurier gesehen hat. Aber wir wissen genau, wie wir all diese Knochen im Dinosaurierskelett richtig anordnen? Wir wissen, dass sie gestorben sind. Wir wissen, was ein T-Rex gegessen hat. Das klingt doch verrückt. Wir haben noch nie einen Dinosaurier gesehen, aber wir wissen genau, wo jede einzelne Rippe war und wo welche Rippe hingehört? Ich glaube, es ist wahrscheinlicher, dass es Meerjungfrauen gibt als dass es Dinosaurier gab.“

Kann man so sehen. Man kann bei solchen Sätzen aber auch einfach nur den Kopf schütteln. So wie Chris Long, Hayes’ damaliger Teamkollege – und großer Dinosaurier-Fan. Dass Hayes glaubt, die Knochenfunde und Ausgrabungen von Archäologen seien frei erfunden, macht Long fassungslos: „William glaubt wirklich, dass Archäologen die Knochen von Dinosauriern verstecken. So wie Eltern die Eier zu Ostern.“

Also haltet die Augen offen! Vielleicht begegnet euch schon morgen an der Aldi-Kasse eine Meerjungfrau und kauft fünf Dosen Fischfilet ...

Rivers und Cromartie:
Die potentesten Stars der NFL

NFL-Stars sind Modellathleten, sehr erfolgreich und haben viele Millionen auf dem Konto. Klar, dass Frauen da Schlange stehen. Und auch klar, dass die NFL-Stars sich die „Rosinen" unter ihren zahlreichen Verehrerinnen rauspicken: Quarterback-Ikone Tom Brady beispielsweise ist mit Topmodel Gisele Bündchen verheiratet. Sein Spielmacherkollege Russell Wilson mit Pop-Sternchen Ciara Princess Harris. Wide-Receiver-Ass Eric Decker hat Countrysängerin Jessie James, ebenfalls ein Megastar in den USA, um die Finger gewickelt.

Das Privatleben der Football-Helden ist oft geprägt von Klatsch und Glamour. Und von unfassbar viel Potenz.

Beste Beispiele dafür:
Philip Rivers, Quarterback der Los Angeles Chargers, und Antonio Cromartie, derzeit vertragloser Abwehrveteran (zuletzt in Diensten der Indianapolis Colts). Zusammen haben beide 22 (!!!) Kinder.

Cromartie ist der spritzigste Star der NFL. Er ist gerade zum 14. (!) Mal Vater geworden. Ich wiederhole: Zum VIERZEHNTEN Mal! Und das im „zarten" Alter von 33. Noch krasser ist aber, dass er sich nach seinem zehnten Kind im Jahr 2011 sterilisieren ließ, also unfruchtbar hat machen lassen. Eigentlich sollte er gar keinen Nachwuchs mehr bekommen können.

Eigentlich. So war der Plan.
Doch das hat nicht funktioniert. Cromartie ist weiter fruchtbar. Für seine Frau Terricka und ihn ist es das sechste gemeinsame Kind. Sprössling Nummer vier nach seiner Sterilisation. Da haben die Ärzte wohl aus Versehen ein falsches „Kabel“ gekappt ...

„Als ich wieder schwanger war, habe ich es nicht für möglich gehalten. Ich dachte, ich träume“, erzählte Terricka 2015 der „US Weekly“. „Wir hatten freien Sex. Ich dachte, dass sein Verfahren der beste Schutz sei.“ Pustekuchen!

Noch mal für alle, die nicht so stark in Mathe waren (so wie ich): Antonio und Terricka (seit 2008 verheiratet) erwarten also ihr sechstes gemeinsames Kind. Da – wie oben einführend beschrieben – Antonio aber bald schon vierzehn Kinder hat, legte er also auch immer mal wieder woanders eine Completion hin. Aus diversen Beziehungen/Seitensprüngen entstanden weitere acht Kinder. Mit insgesamt sieben (!) anderen Frauen. Puh ...

14 Kinder, die natürlich auch alle unterschiedliche Namen haben – da kann man schon mal durcheinander kommen und den einen oder die andere vergessen. Als Cromartie (übrigens der Cousin von New-York-Giants-Star Dominique Rodgers-Cromartie) in der US-TV-Serie „Hard Knocks“ seine Kinder aufzählen sollte, ist er schlicht an der Aufgabe gescheitert.

Antonio Cromartie wird im American Football für Deckungsaufgaben (na, klar!) bezahlt. Der First Round Pick aus dem Draft 2006 ist seit zehn Jahren als Cornerback in der NFL unterwegs und hat in seiner Karriere bislang fast 50 Millionen Dollar verdient. Viel Kohle. Eine Menge davon geht allerdings auch für Unterhaltszahlungen für seine vielen unehelichen Kinder drauf. Die „New York Post" schrieb vergangenes Jahr von geschätzten 336.000 Dollar – PRO JAHR! 'ne Stange Geld.

Seine NFL-Karriere gestartet hat Cromartie übrigens bei den San Diego Chargers. Und wer war da schon damals Quarterback? Richtig, Philip „alle ACHTung" Rivers. Der Beginn einer fruchtbaren Freundschaft …

Denn auch Rivers läuft nicht nur auf dem Football-Feld zur Höchstform auf. Auch in den weichen Federn ist er ein Routinier. Philip ist mit Tiffany verheiratet. Sie sind Eltern von acht (!) Kindern. Begonnen hat die äußerst fruchtbare Liaison zwischen den beiden schon vor vielen Jahren. Kennengelernt haben sie sich an einer Junior-Highschool in Decatur im US-Bundesstaat Alabama. In der 7. Klasse. Da war Philip 13, Tiffany 12. Sie wurden schnell ein Paar. „Als ich sie das erste Mal gesehen habe, wusste ich, sie ist die Richtige für mich", verriet Rivers später.

Am 19. Mai 2001 schließlich die Hochzeit. Einen Tag zuvor trat Tiffany zum streng gläubigen Philip in die katholische Kirche über. Da waren beide frisch am College. Philip war 19, Tiffany 18.

Und bis dahin – Achtung, jetzt kommt's! – lebten sie keusch! Heißt: Kein Sex vor der Ehe. Heißt: Die haben fürs Kinder kriegen nicht mal geübt! Seitdem scheint die Nähmaschine im Hause Rivers pausenlos zu rattern. Ihre erste Tochter Halle erblickte am 6. Juli 2002 das Licht der Welt. Da muss eine der ersten „Hail Marys" von Philip Rivers also gleich gesessen haben ...

Zu dieser Zeit bereitete sich Rivers gerade auf seine 2. College-Football-Saison für die North Carolina State University vor. Zwei Jahre später wurde er im NFL-Draft an 4. Stelle in der 1. Runde gezogen. Von den New York Giants. Den First-Round-Pick hatten damals die Chargers – und entschieden sich für Eli Manning. Weil der sich aber weigerte, für San Diego zu spielen, gab's zwischen den Chargers und den Giants einen mehrere Spieler umfassenden Wechsel-Deal. Inklusive Rivers.

Der Beginn der 2. Traum-Ehe von Philip Rivers. Seit 2006 ist er der Starting-Quarterback und das Franchise-Gesicht der San Diego Chargers. Er zählt zu den besten Quarterbacks aller Zeiten. Obwohl er nie einen MVP-Award oder den Super Bowl gewann und wohl beides auch nicht mehr gewinnen wird ...

Zuhause feiert Rivers öfter Erfolge. Acht Kinder – damit hat er die größte Familie der NFL. Nach Halle gebar Tiffany noch Sarah Catherine, Caroline, Grace und Rebecca sowie Peter und Gunner. Das bislang letzte Kind, Clara, kam am 28. Oktober 2015 zur Welt.

Damit haben die Rivers 6 Mädchen und 2 Jungs. Die Älteste ist 14, die Jüngste 1.

Ihr „Erfolgsgeheimnis“: Verhütung ist für die streng gläubigen Philip und Tiffany ein Fremdwort. Sie praktizieren „natural family planning“. „Ich habe nie eine Geburt meiner Kinder verpasst“, erzählte Rivers stolz bei „CBS“. Und da sage ich: Hut ab! Wer es als vielbeschäftigter NFL-Quarterback schafft, bei keiner Niederkunft zu fehlen, muss Organisationstalent und Glück haben. Denn nicht alle Geburten waren zwischen den Monaten Februar und Juni, in denen die Football-Stars in der Regel deutlich mehr Freizeit haben. Timing ist eben alles.

Josh, Justin & Johnny: Der Absturz von Toptalenten

Jedes Jahr werden viele neue Spieler vom College in die NFL gespült. Darunter Toptalente, denen eine goldene Zukunft vorausgesagt wird. Typen, die als die kommenden Stars der Liga gelten. Typen, die bereits Millionäre sind, bevor sie auch nur eine Sekunde in der NFL im Einsatz waren. Aber nicht alle können die hohen Erwartungen erfüllen. Regelmäßig stürzen junge Kerle im Rampenlicht ab, weil sie mit dem Ruhm und dem Hype um ihre Person nicht klarkommen. Viele flüchten sich in den Rausch verbotener Substanzen.
Josh Gordon, Justin Blackmon und Johnny Manziel sind dafür beste Beispiele der jüngeren Vergangenheit.

Josh Gordon schlug in der NFL zunächst ein wie eine Bombe. In der 2. Runde von den Cleveland Browns im Draft 2012 ausgewählt, bekam der Rookie einen Vierjahresvertrag über 5,3 Millionen Dollar. Viel Geld, das er schnell mit Leistung zurückzahlte. In seiner ersten Saison fing der Wide Receiver insgesamt 50 Pässe für 805 Yards und fünf Touchdowns.

Viel Geld, das er allerdings auch in Drogen verprasste. Weil er des Konsums von verbotenen Substanzen überführt wurde, musste Josh Gordon in 2013 die ersten zwei Saisonspiele gesperrt zusehen. Danach spielte er wie im Rausch. „Flash Gordon“ beendete die Saison mit insgesamt 1.646 gefangenen Yards (NFL-Spitze!) und neun Touchdowns. In Woche 12 gelangen ihm 237 Yards, in Woche 13 sogar 261. Dass ein Wide Receiver zwei Spiele in Folge Pässe für über 200 Yards fängt, gab's in der NFL vorher NOCH NIE! Die Belohnung: Er durfte zum Pro Bowl ...

Spätestens danach verlor Gordon aber endgültig die Kontrolle über sein Leben. Im Juli 2014 wurde er wegen Fahrens unter Drogeneinfluss in North Carolina verhaftet. Die Liga sperrte ihn wegen des erneuten Verstoßes gegen die Dopingrichtlinien zunächst für die ganze Saison, reduzierte die Strafe dann aber auf zehn Spiele. Nach nur 24 gefangenen Pässen für 303 Yards ohne Touchdown war für den einst umjubelten Star aber im Dezember 2014 schon wieder Schluss in Cleveland. Die Browns schmissen ihn für das letzte Saisonspiel aus dem Kader, weil er gegen die Teamregeln verstoßen hatte ...

Und es kam noch schlimmer: Weil Gordon auch noch besoffen Auto gefahren ist, verbannte ihn die NFL erneut: Diesmal für die gesamte Saison 2015! Sein Antrag auf „Wiedereingliederung" im März 2016 wurde abgelehnt, weil er erneut durch den Drogentest rasselte.

Im Juli 2016 wurde Gordon dann doch begnadigt. Ab NFL-Woche 5 wäre er wieder spielberechtigt gewesen. Wäre ... Denn: Wenige Tage davor wies sich Josh selbst in die Entzugsklinik ein. Seine Begründung: „Nach sorgfältiger Überlegung habe ich beschlossen, dass ich

Abstand von den Browns und meiner Football-Karriere brauche, um mich in eine stationäre Rehabilitationseinrichtung zu begeben. Mit dieser Entscheidung hoffe ich, wieder Kontrolle über mein Leben zu erlangen, um das volle Potenzial aus meiner Person rauszuholen."

In 2017 hat Josh Gordon erneut den Antrag gestellt, ab sofort wieder in der NFL spielen zu dürfen. Doch der Antrag des mittlerweile 26-Jährigen wurde im Mai 2017 abgeschmettert. Ob er ein weiteres Mal um „Gnade" bettelt? Im Roster der Browns wird er im Sommer 2017 weiter auf der „Reserves"-Liste geführt.

Justin Blackmon, ebenfalls Wide Receiver, scheint mit der NFL bereits abgeschlossen zu haben. Er taucht nur noch ganz selten in der Öffentlichkeit auf. Interviews gibt er keine. Wie es ihm also geht und was er so den ganzen Tag macht – das weiß kaum jemand ... Noch vor wenigen Jahren wurde jeder seiner Schritte von Millionen Menschen verfolgt. Jetzt ist er in der reichsten Sportliga der Welt eine „Persona non grata".

2012, also zeitgleich mit Josh Gordon, kam Blackmon mit riesigen Vorschusslorbeeren von der Oklahoma State Uni, an der er diverse Rekorde brach und mit Auszeichnungen überschüttet wurde, in die NFL. Die Jacksonville Jaguars wählten ihn im Draft an 5. Stelle aus, tradeten dafür sogar extra hoch.

Der pfeilschnelle Passempfänger wurde schon mit dem legendären Terrell Owens verglichen. Aber: Den Beweis blieb er schuldig. Blackmon ist schnell gescheitert. An sich selbst.

Schon vor seiner Debütsaison in der NFL geriet Justin mit dem Gesetz in Konflikt. Bereits 2010 und im Mai 2012 wurde er unter Alkoholeinfluss am Steuer erwischt und verhaftet und musste jeweils eine Nacht im Knast verbringen. Der regelmäßige Rausch von Betäubungsmitteln schien ihn zunächst aber nicht zu stoppen. Denn in der Spielzeit 2012 schrieb Blackmon ansonsten nur sportliche Schlagzeilen. Er beendete die Saison mit 64 gefangenen Pässen für 865 Yards sowie fünf Touchdowns – und war damit der beste Rookie seines Jahrgangs.

Doch auch in der Folge wandelte Blackmon zwischen Genie und Wahnsinn. Weil er gegen die Dopingrichtlinien der Liga verstieß, wurde er für die ersten vier Spiele der Saison 2013 gesperrt. Gleich danach legte er aber wieder los wie die Feuerwehr. In den ersten beiden Spielen, in denen er wieder ran durfte, fing er insgesamt 19 Pässe für 326 Yards inklusive eines Touchdowns.

Also alles wieder gut? NEIN! Denn am 1. November 2013 wurde Blackmon von der Liga erneut kaltgestellt. Diesmal bis Saisonende. Justin hatte sich schon wieder verbotene Substanzen reingepfiffen ... Im Sommer 2014 wurde er dann auch noch mit Marihuana am Steuer erwischt. Danach begab er sich freiwillig in eine Entzugsklinik – um nur ein Jahr später wieder high im Auto aus dem Verkehr gezogen zu werden. Das war Blackmons insgesamt 4. Gefängnisaufenthalt. Seitdem ist es sehr still um ihn geworden ...

Kurios: Genau wie Gordon bei den Browns wurde Blackmon bis zum Sommer 2017 nicht offiziell von den Jacksonville Jaguars gecuttet. Allerdings müssen beide Teams ihre „Problemkinder“ auch schon länger nicht mehr bezahlen.

Geld hat auch *Johnny Manziel* lange nicht verdient. Dabei ist die „Show-me-the-money“-Geste sein Markenzeichen. „Johnny Football“ sein Spitzname. Noch bevor er überhaupt aufs College ging, galt der Nachwuchs-Quarterback als DER kommende Superstar in der NFL. Bereits an der Highschool wurde er mit Auszeichnungen überhäuft. Im Jahr 2012 heimste er als erster Freshman die „Heisman Trophy“ für den besten College-Spieler der NFL ein. Sein Weg auf den Olymp der Liga war vorprogrammiert.

DENKSTE! Manziel hatte schon immer viele Flausen im Kopf. Hat gern gepokert, gefeiert und gesoffen. Vorzugsweise mit anderen Sportstars und leicht bekleideten Damen. Zu seinen besten Freunden zählt(e) NBA-Gigant LeBron James. Auch Bekanntschaft mit dem Gesetz und Ordnungshütern machte er regelmäßig. Und: Johnny, der Sohn einer reichen Familie aus dem Öl-

Business, war schon immer geschäftstüchtig und heiß auf Geld. Bereits am College wurde er zu einer Strafe verdonnert, weil er Kommilitonen nur gegen Bares Autogramme gab. Den Slogan „Johnny Football“ hat er sich schützen lassen. Schon vor seinem NFL-Debüt unterschrieb er einen hochkarätigen Werbe-Deal mit „Nike“.

All das ließ ihn in der Gunst während des NFL-Drafts 2014 sinken. Viele Teams hatten Schiss, sich dieses trinkfeste „Wunderkind“ in den Kader zu holen. Letztlich fassten erst die Cleveland Browns diesen Mut. Sie pickten Manziel an 22. Stelle. Eine Entscheidung, die sie bereut haben. Leistung auf dem Platz zeigte der Spielmacher fast nie. Kondition bewies er nur an der Bar. Im November 2015 gelangte ein Video an die Öffentlichkeit, auf dem Manziel auf einer Party während einer spielfreien Woche mit einer Champagnerflasche in der Hand zu sehen ist. Kurz darauf wurde er in der Nacht vor dem Spiel gegen die Pittsburgh Steelers in der Zocker-Hochburg Las Vegas entdeckt und schwänzte am nächsten Morgen einen Termin beim Arzt. Manziel war zu dieser Zeit mit einer Gehirnerschütterung krankgeschrieben.

Damit war der Bogen überspannt. Die Browns zogen die Reißlinie. Nach der Saison 2015 saß Manziel auf der Straße. Nach gerade mal zwei (unterirdischen) Spielzeiten in der NFL, in denen er insgesamt nur achtmal der Starting Quarterback war. Die Befürchtungen, dass „Johnny Football“ selbst sein

gefährlichster Gegenspieler ist, hatten sich bewahrheitet.
Wegen weiterer Eskapaden in den Folgemonaten (u. a. Vorwurf häuslicher Gewalt an seiner Ex-Freundin Colleen Crowley) fand Manziel kein neues Team für die Saison 2016. „Nike", seine Marketing-Agentur und sein Berater hatten sich in der Zwischenzeit ebenfalls schon von ihm getrennt. Johnny schrieb sich daraufhin wieder an seiner alten Uni Texas A&M ein. Sein Studiengang: Erholungs-, Park- und Tourismuswissenschaften. Wie passend ...

Und sogar sein Vater gab ein vernichtendes Urteil über ihn ab. „Mein Sohn ist süchtig und braucht Hilfe. Hoffentlich kommt er zur Besinnung, bevor er stirbt. Ich hoffe, er kommt ins Gefängnis. Das wäre der beste Platz für ihn", sagte Paul Manziel bei „ESPN". Rrrumms! Das saß. Ein Wachmacher?

Mittlerweile soll Johnny ein für seine Verhältnisse anständiges Leben führen. Bilder, auf denen er alkoholisiert Party macht, sind schon länger nicht mehr aufgetaucht. Manziel hat die NFL noch nicht aufgegeben und arbeitet an seinem Comeback. Ende Juli 2017 hatte er aber noch immer keinen Verein gefunden, der ihm eine weitere Chance gibt, zu beweisen, dass er reifer geworden ist. Und nicht nur ein geldgeiles Feierbiest.

#10 Die schönste Pfeife der NFL

Machos, Muskeln und Moneten. Die NFL ist fest in Männerhand. Platz auf dem Rasen fürs schwache Geschlecht ist hier nicht. Bis auf eine Ausnahme: Sarah Thomas. Seit 2015 hören die Kraftprotze auch auf ihr Kommando. Die Familienmutter (Jahrgang 1973) ist die erste weibliche Schiedsrichterin in Vollzeit in der Geschichte der NFL. In der Saison 2016 gehört sie als „Line Judge“ zur Referee-Crew von Jeff Triplette.

Wer Thomas zwischen all den Modellathleten sucht, muss ganz genau hingucken. Ihre langen, blonden Haaren trägt sie zusammengebunden unter der Cap. Ihre zierliche Figur ist unter der luftigen Referee-Kluft versteckt. Lediglich ihr dezentes Make-up lässt erahnen, dass zwischen all den Kerlen auf dem Rasen auch eine Frau ist. Eine Schiedsrichterin.

„Man muss kein Mann sein, um ein Abseits zu erkennen oder die Regeln zu lernen. Ich bin sehr glücklich darüber, ausgewählt worden zu sein“, sagt sie im Gespräch mit „ESPN“. Und gegenüber der „SunHerald“: „Da war eine Menge Druck, die Erste zu sein. Den habe ich aber nie gespürt. Die Fans sind toll. Väter wollen ein Foto mit mir machen. Mütter und Töchter ein Autogramm haben. Ich hatte nie vor, ein Vorbild zu werden.“

Wie kommt's, dass endlich eine Frau die Männerbastion durchbricht? Wer ist die Bibiana Steinhaus der NFL? Geboren und aufgewachsen ist Thomas in Pascagoula im US-Bundesstaat Mississippi mit zwei Brüdern, die Football spielten. Auch Sarah interessierte sich früh für Sport, spielte u. a. Softball und Basketball. Letzteres so gut, dass sie an der Universität von Mobile im US-Bundesstaat Alabama ein Basketball-Stipendium bekam. In drei Spielzeiten erzielte sie dort 779 Punkte, 411 Rebounds, 108 Assists und 192 Steals. Zum damaligen Zeitpunkt war sie damit in der ewigen Rekordliste der Uni Fünftbeste.

Nach ihrem Abschluss 1995 in Kommunikation begann sie als Pharmavertreterin zu arbeiten (macht sie auch heute noch!). Als ihr Bruder sie eines Tages mit zu einer Football-Schiedsrichter-Schulung nahm, machte es „klick" – und Sarahs Karriere nahm richtig Fahrt auf: „Das hat mein Leben verändert." Sie pfiff Jahr für Jahr höherklassiger und war auch schon die erste Frau, die ein „Major League Match" am College sowie sogar ein „Bowl Game" leitete.

Nun also die NFL. „Ich möchte als Schiedsrichter wahrgenommen werden. Nicht als Schiedsrichterin. Dann wäre ich in einer Schublade. Wenn ein Trainer dich ansieht, sieht er nur einen Offiziellen", betont sie. „Ich gehe das alles nüchtern als Offizieller an. Vielleicht sehen die Fans mich dann auch einfach als Offiziellen. Sie alle wollen nur, dass der Job erledigt wird. Und zwar regelmäßig und richtig." Und ihr Förderer Gerald Austin, ein bekannter Ex-NFL-Referee, schwärmt von ihr: „Sie hat großartige, kommunikative Fähigkeiten. Mit ihrer Art gelingt es ihr, die Coaches sehr schnell zu beruhigen. Diese Gabe hat ihr die Tür zur NFL geöffnet."

Und wie tickt die Unparteiische privat? Sarah scheint ein Faible für den Buchstaben B zu haben. Ihr Mann heißt Brian. Ihre beiden Söhne Bridley und Brady. Und ihre Tochter Bailey. Thomas: „Ich bin in den vergangenen Jahren sehr viel gereist. Aber meine Familie ist daran gewöhnt. Ohne die Unterstützung meines Mannes, meiner Familie und meiner Freunde wäre das alles nicht möglich."

Ihre alte Schule, die Pascagoula High School, hat ihre Sporthalle übrigens im März 2016 in einer feierlichen Zeremonie in „Sarah Thomas Gymnasium" umbenannt ...

#11 15 NFL-Fakten, die kaum jemand kennt

Hast du auch so Typen in deinem Freundeskreis, die alles aus der NFL (besser) wissen? Die glauben, sie würden jede Geschichte und jede Statistik aus unserer Lieblingsliga kennen? Dann habe ich hier 15 Fakten für dich, mit denen du im Kreis deiner NFL-verrückten Kumpels glänzen kannst. Da sind Sachen dabei, die nur die Wenigsten kennen.

Oder wusstest du, dass ...

✕ Der Schwager von Tom Brady ein Baseballstar ist? Kevin Youkilis gewann zweimal mit den Boston Red Sox den Titel in der MLB – und ist seit 2012 mit Toms Schwester Julie verheiratet. Julie und Kevin haben einen gemeinsamen Sohn, von dem Sportfans aus Boston jetzt schon Wunderdinge erwarten!

✕ 3, 5, 7, 28, 34, 40, 41, 42, 51, 56, 61, 66, 77, 89. Diese 14 (!) Trikotnummern werden die Chicago Bears NIE WIEDER vergeben. Sie sind zu Ehren verdienter Ex-Spieler „gesperrt“. Damit haben die Bears die meisten „retired numbers“ in der NFL. Gefolgt von den New York Giants (12) und den San Francisco 49ers (11). Bei den Dallas Cowboys, Oakland Raiders und Atlanta Falcons gibt's so einen Zahlenhype übrigens gar nicht.

✕ Der aktuelle Offensive Coordinator der Philadelphia Eagles heißt Frank Reich.

✕ Die NFL gilt als gemeinnützige (also „not for profit“-) Organisation und zahlt damit keine Steuern! Genau wie übrigens die Green Bay Packers, die als eine Genossenschaft gelten.

✕ Ex-Quarterback-Legende Terry Bradshaw ist der einzige NFL-Profi, der einen Stern auf dem „Hollywood Walk of Fame“ hat.

✕ Zwischen 1979 und 1992 spielten vier Brüder gleichzeitig in der NFL. Ross Browner (geboren 1954), Jim Browner (*1955), Joey Browner (*1960) und Keith Browner (*1962). Das ist Rekord.

✕ Die Tennis-Schwestern Serena und Venus Williams besitzen seit 2009 Anteile an den Miami Dolphins. Genau wie u. a. auch Musik-Größen wie Jennifer Lopez, Marc Anthony und Gloria Estefan.

✕ Der jüngste Spieler, der je in der 1. Runde eines NFL Drafts gezogen wurde, ist Amobi Okoye. Der Defensive Tackle wurde 2007 an insgesamt 10. Stelle von den Houston Texans gezogen – im zarten Alter von 19 ...

✕ Steve Young (1994 Super-Bowl-Sieger mit den 49ers) und Ken Stabler (1977 Champion mit den Oakland Raiders) sind die einzigen Linkshänder unter den Quarterbacks in der „Hall of Fame“ der NFL.

✕ Apropos Steve Young. Die NFL-Legende (7x Pro Bowl) ist ein Ur-Ur-Ur-Enkel von Brigham Young, der 1844 der zweite Prophet, Seher und Offenbarer der „Mormonen“ wurde.

✕ Der einzige NFL-Spieler, der auf dem Platz gestorben ist, heißt Chuck Hughes († 28). Am 24. Oktober 1971 brach der Wide Receiver der Detroit Lions in der letzten Minute des Spiels gegen die Chicago Bears plötzlich zusammen – und verstarb an einem Herzinfarkt. Bei der Obduktion wurde später eine Arterienverkalkung der Schlagadern diagnostiziert.

✕ Das erste NFL-Spiel, das außerhalb Nordamerikas stattfand, hatte seinen Kickoff am 16. August 1976 in Tokio. Die St. Louis Cardinals besiegten die San Diego Chargers 20:10.

✕ Die unbeliebteste Trikotnummer unter NFL-Spielern ist die 69. Die haben nur ganz, ganz wenige in der langen NFL-Geschichte getragen. Der Berühmteste: Defensiv-Monster Jared Allen. Alle anderen haben wohl Schiss vor platten Sex-Stellungs-Witzen auf dem Rasen oder in der Kabine ...

✕ Unter den Besitzern eines NFL-Teams ist auch ein Deutscher: Zygmunt „Zygi" Wilf (Jahrgang 1950). Der Sohn polnischer Holocaustflüchtlinge kam in Bayern zur Welt. Wenige Jahre nach seiner Geburt siedelte die Familie in die USA über. Heute ist er Haupteigentümer der Minnesota Vikings.

✕ Die Website der Tennessee Titans lautet www.titansonline.com.Damit ist sie die einzige offizielle Seite aller NFL-Teams, die nicht mit ihrem Teamnamen verknüpft ist.

Die MISSION RANDBREITEN:

Wir wollen nicht die 41. Dirk Nowitzki Biografie auflegen. Wir wollen auch nicht Lothar Matthäus, Philipp Lahm oder Kevin Großkreutz verpflichten.

Wir wollen für euch und uns Stories auflegen, die neu sind, unverfälscht und vielleicht noch nie richtig erzählt wurden.

Wir wollen denen das Wort erteilen, die nicht in Sportbild, Sportschau und Gala ständig erwähnt werden.

Randbreiten =
Sport_Literatur vom PASSIONIERTEN für den Fan.

Roman Motzkus

Die Biografie des bekannten **#ranNFL**-Statistikexperten und ehem. Nationalspielers

„Ein Fumble, ein freier Ball, den jeder sichern und aufnehmen kann. Ich traf die folgenschwere Entscheidung den Ball nicht nur zu sichern, sondern ihn aufzuheben und weiterzurennen. Dabei gab es zwei Probleme: 1. So ein Football springt leider recht unkontrolliert hin und her, und 2. hatte ich die drei Monheimer Verteidiger hinter mir nicht gesehen..."

ISBN Taschenbuch: 978-3-947166-01-5

ISBN eBook: 978-3-947166-51-0